ユング心理学研究 第3巻
魂と暴力

日本ユング心理学会
編

AJAJ Association of Jungian Analysts, Japan
Japanese Journal of Jungian Psychology

創元社

はじめに

『ユング心理学研究』も本書でようやく第3巻となる。前巻のくり返しになる部分もあるが、新たに変更になった点にもふれつつ本誌の説明をおこない、また本巻の特徴をお伝えしたい。

『ユング心理学研究』は日本ユング心理学会（Association of Jungian Analysts, Japan、略してAJAJ）の学術誌である。日本ユング心理学会（http://www.ajaj.info/）とは、国際分析心理学会（IAAP）から承認されて2002年に設立された、ユング派分析家の訓練研究所の組織のことである。その主たる活動は、将来のユング派分析家の訓練になっている。また、必ずしも分析家になる目的の人に対してだけではなく、ユング派の心理療法に関心をもつセラピストに対しても、さまざまな訓練・研修のプログラムを広く提供してきている。

日本ユング心理学会は、このようなセラピストの訓練・研修のほかにも活動を広げてきており、昨年3月に刊行された『ユング心理学研究』第2巻からは、学術誌として投稿論文を審査した上で掲載することになった。さらに、昨年6月には第1回の日本ユング心理学会大会が開かれた。詳しくは「大会印象記」を参照していただきたいが、そこでなされた発表のうちの二つがその後に投稿され、審査を受けて本書で論文となって収録されている。一つは西牧万佐子による「出会いと別れの接点——末期がん患者との面接過程」、もう一つが渡辺あさよによる「軽度発達障害における『イメージと言葉の乖離』について」であって、いずれも従来のユング心理学の枠を超えた対象への心理療法から得られた、重要な知見を示していると思われる。ほかに小木曽由佳「個性化と多元的宇宙——ジェイムズ思想によるユング心理学再考」と中島達弘「幻獣のアクティブ・イマジネーション」も審査論文として収録されていて、どちらも文献研究という方法

論をとっている。今年がユング没後50年ということを考えると、主にフロイトとの関係で見られてきたユング思想を、たとえばウィリアム・ジェイムズとの関連においてとらえ直すような試みは非常に重要であると言えよう。

　本書は、『魂と暴力』という題になっている。これは、2010年3月に霊長類学の山極寿一氏をお迎えして、「暴力の由来」というテーマでおこなわれた基調講演と、引き続きなされたディスカッションのシンポジウム記録が本書の中心を占めているためである。ユング心理学は、宗教学、人類学、生物学など、さまざまな学問との学際的な関わり合いによって、理論を深めていったところがある。本巻に収録されている山極寿一氏の講演も、霊長類の研究という視野から人間をとらえ直していて、ユング心理学、さらには人間のこころについて寄与するところが非常に大きいと思われる。綿密な研究によって、たとえば暴力についてのわれわれの先入観が正されるし、人間のもつ自己省察能力、また存在しないものにこだわるゆえの暴力など、さまざまな示唆が得られたと思われる。

　本巻から新しくなったこととして、ジャーナルのロゴが決まったことも報告しておきたい。日本ユング心理学会がロゴを決めたことに伴って、それを用いてのジャーナルのロゴも定められた。

　本誌は、学術誌でありつつ、ユング心理学への専門外の人々の関心も考慮して、一般書であろうとしている。これまでに河合隼雄追悼号である第1巻『日本における分析心理学』、中沢新一氏を招いてのシンポジウム記録が収録されている第2巻『ユングと曼荼羅』が発刊されてきているが、たとえ重版というのが難しくとも、オンデマンドという形で製作して、絶版にならないようにしていく方針である。また、学術誌としては、最後の投稿規定を参照して、資格のある人からの興味深い論考をまた待ちたい。

　最後に、本誌の編集に丁寧に関わっていただいた渡辺明美さん、津田敏之さん、小林晃子さんをはじめとする、創元社のスタッフに感謝したい。

　2011年1月

編集委員長　河合俊雄

目　次

はじめに　003

シンポジウム

基調講演「暴力の由来」　　　　　　　　　　　　　　　　山極寿一　011

暴力とは
暴力は人間に特殊なものか／暴力は「進化」したのか

霊長類学のはじまり
進化と社会／性淘汰

暴力の由来
誇張され誤解された暴力／キラー・エイプ仮説／狩猟仮説／狩猟仮説は戦勝国による正当化論理／狩猟採集生活でつくられた人間性

霊長類学研究が明らかにしたこと
異種に対する暴力と同種に対する暴力は違う／社会生態モデル

霊長類のたどった進化
ヒトは食べられて進化した

食物をめぐる葛藤とその解決法
霊長類の社会進化／社会的知覚力／霊長類のテリトリーの特徴／サルと類人猿の食物をめぐる葛藤の解決／社会性とコミュニケーション／人類の食の特徴

性をめぐる葛藤とその解決法
類人猿の社会構造／オスの繁殖戦略としての子殺し／子殺しが頻発する種・子殺しがない種の特徴／ゴリラの社会構造の変化と子殺し／ほかの霊長類には見られない人類の社会的特徴／性の隠蔽

ヒトの生活史の不思議
子ども期／青年期／"おばあちゃん仮説"／人類の進化と気候変動

人間に特有な暴力が生まれたのはいつか？
集団間の暴力を激化させた要因／人間の社会性の進化／そして、今

討論──基調講演を受けて　指定討論者　河合俊雄・宮野素子　041

人間と暴力
学問研究者の世界観の難しさ／人間は変わったサル／「ない」ものと関わる暴力

サルと類人猿、類人猿と人間
自然中心主義的世界観／存在と言葉／身体を超えられない心

今変わりつつあるもの
身体に対する考え方の変化／自分というものの変化と社会の変化

人間の身体と社会性
食が育てる社会性／摂食障害と文化の歪み

見つめ合うことと人間の社会性
同じ物を見る視点

おわりに
これからどうすればいいのか？／信頼と暴力

論文

研究論文

個性化と多元的宇宙──ジェイムズ思想によるユング心理学再考
　　　　　　　　　　　　　　　　　　　　　　小木曽由佳　059

幻獣のアクティブ・イマジネーション　　　　　中島達弘　079

出会いと別れの接点──末期がん患者との面接過程　西牧万佐子　101

軽度発達障害における『イメージと言葉の乖離』について
　　　　　　　　　　　　　　　　　　　　　　渡辺あさよ　123

大会印象記

第1回大会　印象記(1)　　　　　　　　　高嶋雄介　145
第1回大会　印象記(2)　　　　　　　　　西谷晋二　149

『ユング心理学研究』投稿規定（2010年11月改定）　153

ユング心理学研究　第3巻
魂 と 暴 力

表紙写真　山極寿一提供による

装丁　濱崎実幸

シンポジウム

本章は、2010年3月7日に京都アスニーのホールにて開催された日本ユング心理学会主催、公開シンポジウムの記録をまとめたものである。

基調講演「暴力の由来」

山極 寿一
京都大学大学院　理学研究科　教授

暴力とは

　「暴力」を辞書でひくと、「他者に対して物理的・心理的に圧力を加える力」、それから括弧書きで「無法な力、理不尽な力」と記されています。動物に法はありませんし、理性はないので理不尽であるとも言えませんので、このような言い方は、おそらく人間にしかできません。
　このように「暴力」は、人間に特殊なものと考えられているふしがあります。ただし、暴力を「攻撃性」などが変形したものと考えると、ほかの生物と共通した点が出てくるかもしれません。

暴力は人間に特殊なものか

　一般に「暴力」というと、「同種の人間に対する攻撃」と考えがちですが、人間相手に限らないわけです。たとえば、犬や猫を虐待して「暴力」を加えることだってある。あるいは、文化が違えば、われわれ日本人がクジラを食べるのが、イギリス人にはクジラに暴力を加えていると見えるかもしれません。だから「暴力」というのは見方によっていろいろあります。
　さらに、たとえば戦争は集団間の暴力ですが、いじめは集団内の暴力です。このように、集団間か集団内かなどの外的な特徴から見てもさまざま

な形態があることにすぐに気がつきます。それは、人間以外の生物といろいろな点でつながっているのではないでしょうか。

暴力は「進化」したのか

今回は"進化"という点から暴力について考えようと思っています。つまり、人間が昔は「人間ではない何ものか」であったのと同じように、暴力も現在のような「無法な力、理不尽な力」である前に、何か別の形で存在していたに違いないということです。今われわれは、暴力をある形としてとらえているけれども、それは今とは違う形から出てきたのかもしれないと考えたいわけです。

進化の観点から暴力をとらえた本として、私は3冊の本を出しました。『ヒトはどのようにしてつくられたか』〔岩波書店, 2007年〕、『暴力はどこからきたか』〔NHKブックス, 2007年〕、『人類進化論』〔裳華房, 2008年〕です。もし機会があったら読んでいただきたいと思います。

霊長類学のはじまり

人間の過去は人間ではない違う形だったのだという考え方を学問にしたのは、やはりチャールズ・ダーウィン〔Darwin, C. R., 1809-1882〕だと思います。

ダーウィンは『人間の由来 *The Descent of Man and Selection in Relation to Sex, 2nd edition*』〔1871年〕という本で、「人間は、人間ではない霊長類 *primates* とよばれるものから出てきた。その祖先は、おそらくアフリカで見つかるだろう」ということを予言しています。その根拠は、人間がチンパンジーやゴリラなどのアフリカの類人猿に形態的に似ていたからです。

ゴリラが見つかったのが1846年、ダーウィンの『種の起源』が出たのが1859年です。ダーウィンはおそらくゴリラを見て大きな衝撃を受けたので

しょう。「これほど似ている動物が世界に存在するならば、人間の祖先と共通点が見つかるに違いない」と。そこから、人間の本性を解き明かそうという試みが始まったのです。だから、ダーウィンは『人間の由来』の中で、人間と動物で最も違うのは何か、ということを一生懸命探し求めようとしています。そこで、ダーウィンは結論には至ってはいませんが、「人間と動物をはっきり分けるものは、道徳の存在である」と言っています。

「道徳」の存在はまず記憶があるということが前提になります。その記憶をたどって過去の自分と今の自分を比較し、過去の自分を裁く。それが「良心」だと言っているわけです。その「良心」があって初めて「道徳」というのが生まれる。その「記憶」ひいては「道徳」の有無が、人間と動物を分ける大きな違いだったとダーウィンは言っています。

進化と社会

ダーウィンのもう一つの功績は、「社会」ということを進化の中にはっきり位置づけたことです。

ダーウィンは、限りある自然界の資源をめぐり、人間あるいは動物が競合し合うことによって「優劣」というものが生まれると説きました。ここでの「優劣」とは力の強弱ではなく、子孫をたくさん残せるかどうかということです。すなわち繁殖上の差が生じ、子孫をたくさん残せたものが、その形質を子孫につなげていくという考え方です。

そうして、2頭以上の個体が限りある資源をめぐって競合し「優劣」をつけなければならない。これが彼の言う「社会」の姿です。

性淘汰

ダーウィンの考え方の中に「自然淘汰」と「性淘汰」があります。「性淘汰」とは、異性をめぐって同性間で争うこと、あるいは異性のある特別な特徴が好まれることによって進化していくことです。

たとえば、オランウータンはオスだけに頬のひだが発達しているのですが、ザハヴィ〔Amotz Zahavi, 1928-〕という有名な動物学者は、これを「性淘汰」の一番よい例であると述べています。というのも、頬っぺたが膨ら

んでいるオランウータンは、視野がとても狭くなるので、横を見ることができません。ということは、「横を見ることはできないのに、きちんと健康に生きていられるのは、そのオランウータンが強いからだ」ということになります。

つまり、そのような「ハンディキャップ」を背負ってもちゃんと生きていけるのは、能力が高いから、生存力が非常に高いからだと見られて異性から好まれる。そのためこのような性質がオランウータンに発達した、ということです。このザハヴィの理論は「ハンディキャップ理論」と呼ばれ、非常に有名になりました。このようにいろいろな説が「性淘汰」にはあります。

暴力の由来

動物学の分野では、「攻撃性」が性淘汰のカギのようなものと理解されているふしがあります。ただし「暴力」については、最近まで非常に大きな誤解を受けていたようです。そして霊長類の仲間である人間の暴力も誤解されていたということです。それを今回解き明かしたいと思います。

誇張され誤解された暴力

誤解の象徴の一つが、私が研究しているゴリラです。先ほども触れましたが、ゴリラは、19世紀の半ばにアフリカで発見され、ヨーロッパで有名になった非常に人間に近い類人猿です。

『赤道アフリカの探検と冒険 Explorations and Adventures in Equatorial Africa』（ポール・デュ・シャーユ著）という本で「ゴリラは非常に凶暴で、残忍で、戦い好きで、そして、人間の女をさらう、とんでもないやつだ」と書かれていました。ヨーロッパ人はそれを信じて、ゴリラというのは悪の権化のような動物だと考えました。

当時（18世紀から19世紀）のアフリカは悪の象徴で、ヨーロッパ人が植民をしようとしていた時代です。そのような帝国主義時代に、アフリカのジャングルにひっそりと息づいていたゴリラは、アフリカ大陸の暗黒さというものを象徴する非常にいいモデルになったわけです。

　そしてゴリラが最初にヨーロッパにお目見えしたのは、1860年のロンドンの移動動物園です。その時代から50年以上経ってアメリカの『キングコング』〔1933年〕というハリウッド映画が公開されました。皆さんもご存じだと思いますが、これはゴリラがモデルにされています。非常に凶悪で、残忍で、そして手に白人の女性を載せた、女性好きで気味が悪い生き物であるというイメージのまま、ここまで来てしまっていたわけです。
　このように、暴力性は非常に誇張されて存在していました。

キラー・エイプ仮説

　1955年、レイモンド・ダート〔Raymond Dart, 1893-1988〕という人が「キラー・エイプ *killer ape* 仮説」という非常に奇妙な説を発表しました。
　レイモンド・ダートは、1925年にタウングス・ベビー（後に「アウストラロピテクス・アフリカヌス」と呼ばれる）という人間の古い祖先を南アフリカで発見した非常に偉大な化石人類学者です。
　さらにレイモンド・ダートは、それから30年後の1955年、頭骨に奇妙な傷のあるアウストラロピテクスを複数発見し、その傷から、道具を使って狩猟をすると同時に、ひょっとしたら仲間どうしで殺し合うこともやっていたのではないかという仮説を立てました。
　人間の祖先は、猿人の時代から狩猟を発達させることによって攻撃性を

肥大させ、その肥大した攻撃性によって、同じ仲間を殺すような行動をも発達させていたのではないか。つまり、狩猟から戦いへという方向性が、人類の祖先の中に形づくられたのではないかと考えたわけです。これが「キラー・エイプ仮説」です。

狩猟仮説

この仮説に同調して人類学者が「狩猟仮説」というものを考えるようになりました。

これは、「まず人間は進化の初期に手を使うために直立二足歩行を始めた。そしてその手は道具、特に武器をつくるために使われたはずだ。その狩猟道具としての武器を使うことによって、協力行動や分業が発達し、男は狩猟、女はキャンプ・キーパーというはっきりした分業が男と女の間に生まれた」という仮説です。この説はアメリカの劇作家ロバート・アードレイによって『アフリカ創世記』〔1962年〕という本になり、スタンリー・キューブリックの『2001年宇宙の旅』〔1968年〕の有名な冒頭シーン「夜明け前」に使われて人々の心に深く根を下ろすようになりました。

いまでも多くの方々は、この説のように、人間は狩猟を発達させ、その道具を人間の仲間に向けて戦争を起こすようになった、と信じているかと思います。

しかし、これは間違いです。これからその間違いを解いていきます。

狩猟仮説は戦勝国による正当化論理

その前に、なぜ1955年になってこのような説が流布し始めたのでしょうか。1955年という年について考えてください。第二次世界大戦のすぐ後です。つまり、人類にとって未曾有の大規模な戦争がおこなわれ、社会をつくり直さなければなりませんでした。しかも、この説が出てきたのは戦勝国のアメリカやイギリスです。敗戦国の日本からはこのような説は出てこなかったのです。なぜでしょうか。

「狩猟仮説」というのは、これほど大きな戦争で大量の人間を虐殺してしまった戦勝国の人々が傷を癒すための論理だったのではないかと私は考

えています。つまり、彼らは「人を殺す」という行為が、人間の平和のための手段として避けられないものだった、と思いたかったわけです。

すなわち、人間がもともともっていた攻撃性を、平和の手段、道具として使い始めたために、戦いの規模を拡大してしまった。しかし、その戦いがなかったら、これほど平和な世界は築けなかったに違いない、と自分たちの行為を正当化しようとしたわけです。

狩猟採集生活でつくられた人間性

人間の進化を論じる人たちがこのように狩猟採集にこだわったのは、狩猟採集生活が人類の進化史の99％以上を占めていた生業様式だからです。

1966年にシカゴで「狩猟採集民会議」というシンポジウムがありました。それは、世界中の狩猟採集民研究者が集まり、狩猟採集とはどのような生活様式で、人類の進化にどのような役割を果たしたのかについて論じた初めての会議でした。その成果が "*Man the Hunter*" という本として1968年にまとめられました。

その会議では、わずか1万2千年前には人間の生業様式の主体は狩猟採集だったこと、狩猟採集生活が決してプリミティブな劣った生活様式などではなく、それなりの文化をもっているということが確認されました。

われわれ人間がもっている身体能力あるいは心というもの、つまり人間性も、狩猟採集生活を通じてつくり上げられたものだったのです。

霊長類学研究が明らかにしたこと

日本の霊長類学は、戦後すぐに出発しました。その基礎となったのは、京都大学の私の人類進化論研究室の初代教授である今西錦司先生〔1902-1992〕です。その高弟には河合雅雄先生、伊谷純一郎先生、川村俊蔵先生というお三方がいらっしゃるのですが、この方々は敗戦の記憶から出発し

ていたので、人間が戦争を引き起こしてしまったことを正当化しようとはしませんでした。それは非常に重要なところだと私は思います。

　そして、日本の霊長類学者にとって幸運だったのは、日本にはニホンザルという霊長類が住んでいることでした。アメリカにもヨーロッパにも、人間以外の霊長類はいませんから、彼らが人間以外の霊長類を観察し、研究しようとすると、アフリカやアジアや南米へ出かけていかなくてはなりません。しかし、戦後すぐにはそういう体制はとれませんでした。そのため、最初の10年は今西先生たちの発想は非常に独自な形で進みました。この時点で、ニホンザルの社会がほぼ明らかにされ、人間の社会とはだいぶ違うものの、見事な社会構造をもつということが明らかになりました。

　そして、1950年代の終わりに今西先生たちはアフリカのゴリラの調査で欧米の霊長類学者・人類学者と出会い、類人猿研究が花開くわけです。1960年代には、タンザニアでチンパンジーの類人猿研究が始まり、人間と類人猿を比較することによって人間性というものが解明できるようになりました。

異種に対する暴力と同種に対する暴力は違う

　まず暴力について霊長類学が明らかにしたことは、「異種に対する暴力と同種に対する暴力は違う」ということです。「暴力」を「攻撃性」と言い換えてみてください。

　狩猟は、効率的に獲物を仕留める非常に経済的な行為です。ところが、同種の仲間に対して使われる暴力あるいは攻撃性は、相手を殺すことが目的ではありません。問題解決のために使われるわけです。

　そして、同種の仲間との間のあらゆる攻撃性は、その解決すべき問題が違えば、現れ方も解決法も異なってきます。人間以外の霊長類がもつ葛藤は、主として食物あるいは異性をめぐって起きます。しかし、食物と異性では、もともと由来する葛藤の種類が違うわけです（後述）。しかも、その攻撃性にははっきりした性差があることも、霊長類の研究でわかってきました。

社会生態モデル—人間以外の霊長類の社会

　野生霊長類の調査に基づいて1990年代の終わりに「社会生態モデル」というモデルがつくり上げられました（図1）。「社会生態モデル」とは、人間以外の霊長類が社会、つまり群がりというものをなぜつくるようになったのかを模式化したものです。

　哺乳類は、オスとメスで繁殖にかけるコストや負担が違います。それは、メスは長い間、おなかで胎児を温めなくてはいけないということ、出産後も哺乳という作業が残っているからです。一方オスは、基本的にそういったプロセスには参加しません。だから、メスだけの集団というのが哺乳類の社会では基本です。

　そこでまず〈メスの群居性〉が現れます。これは、栄養価の高い食物をいかに安全に、効率よく摂取できるか（食物の分布）、自分と子どもを狙う猛禽類や肉食動物のような捕食者からいかに安全に過ごせるか（捕食圧）の二つによって、メスがどのくらいどのように集まるのかが決まるというものです。

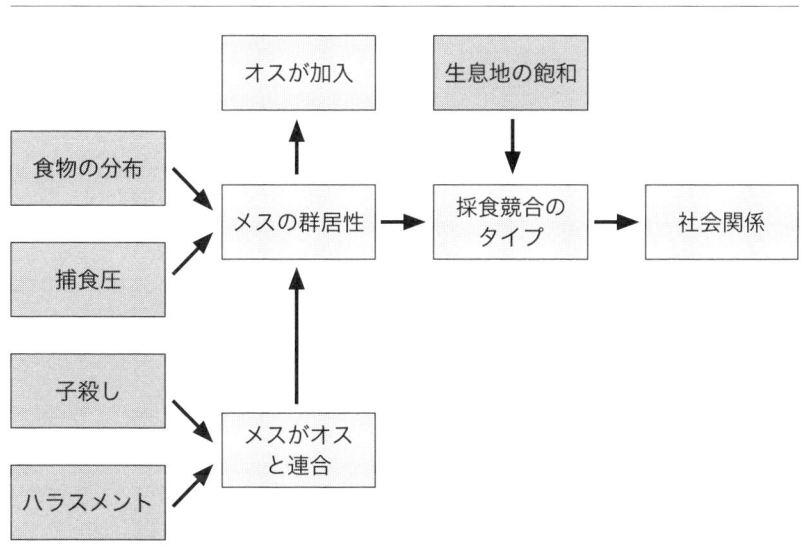

図1　社会生態モデル

また、オスはなるべくたくさんのメスとの間に自分の子どもを残すことが大きな課題になりますので、メスが集まると、オスが単数でつくか複数でつくかというのが決まってきます（オスが加入）。そしてそれにより〈採食競合のタイプ〉、つまり食をめぐる葛藤の性質が決まり、その葛藤の解決手段として〈社会関係〉が決まってくる、という考え方です。

　これに、同じ種の仲間による〈子殺し〉とか〈ハラスメント〉が起こると〈メスがオスと連合〉する必要性が高まり、〈社会関係〉もまた変えられていくというのが、この「社会生態モデル」です。

　簡単に言うと、食物・捕食圧という環境から受ける二つの要因と、同種の仲間からの子殺し・ハラスメントという社会的な要因があって、それを解決するための社会関係ができ上がる、これが人間以外の霊長類の社会の本質であるということです。

霊長類のたどった進化

　それではこれから、人類のたどってきた道を探ってきた霊長類研究の歴史を見てみましょう。

　人類は狩猟技術の向上によって攻撃性を高めたという「狩猟仮説」は正しいのか、という検証が1960年代から始まりました。

　まず、人類の祖先の獲得してきた人類的な特徴というのは、次のような順番になっています（図2）。

　人類の最古の祖先は、約700万年前にすでに直立二足歩行をしていたことが推測されています。それから犬歯が小さくなります。これは、人類の攻撃性というものが変質してきたこと、食べるものが変わってきたことの両方の特徴を表していると思います。

　そして、石器の作成が初めて確認されるのが約250万年前です。それから少し遅れて脳の大型化が始まり、それまで類人猿と同じ500cc以内にと

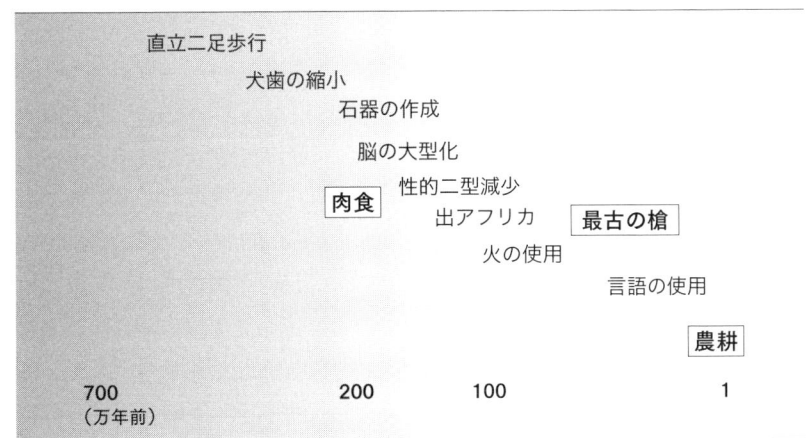

図2　狩猟は人類進化の原動力ではなかった？

どまっていた脳容量が、初めて600ccを超えるようになります。石器が使われたのは、死体から肉を剥がして食べるためだったと考えられています。つまりは武器ではなかったわけです。

たとえば肉食獣が硬い骨をかみ砕けないまま残してあったものを、石で割ると中の骨髄が利用できる。そのような形で肉食が現れました。これは、動物タンパクを非常に効率良く摂取することにつながり、脳の大型化に貢献したでしょう。しかしそれ以後の長い間、石器の形というのは変化していないのです。しかも、石器が狩猟に使われたという証拠もありません。

火の使用が約80万年前に始まりますが、このときもまだ武器の証拠は出てきません。最古の武器の証拠が出てくるのは、さらに先の約40万年前になってからです。それはドイツで出てきた槍だったのですが、実はこれにも石の槍先はついていませんでした。2mぐらいの棒をただ尖らせただけで、動物の殺傷力は非常に弱く、おそらく獲物を留めるために使われ、とどめを刺すためではないだろうと言われています。武器が、同じ人間の仲間に使われた証拠というのは、実は8000年ぐらい前にならないと出てきません。

ヒトは食べられて進化した

『ヒトは食べられて進化した Man the Hunted』〔2005年、邦訳書は化学同人，2007年〕という本があります。これは先ほどの "Man the Hunter" を皮肉って "Man the Hunted" というタイトルにしているわけです。前者の "Man the Hunter" では、狩猟採集民の研究の集大成で「人間は狩猟によって進化した」と言い切っています。しかし、"Man the Hunted" はそうではなく、「人間は狩猟されることによって進化した」と。つまり、肉食動物や猛禽類に追い詰められるのをいかに防ぐかということによって人間の社会性は発達したのだ、ということを書いた本です。私は、これはかなり当たっていると思います。狩猟仮説を否定したと同時に、以下のことを明らかにしています。

すなわち、なぜ人間は大集団を組むのか。これは捕食を防ぐためです。あるいは、なぜ安全な泊まり場を求めたのか。そして、情報とコミュニケーションを、なぜこれほど大事にしたのか。それは、安全な場所を見つけ、捕食動物から逃れるために必要だったからです。

そして、人間のコミュニケーションを探っていくと、たとえば、相手の機先を制したり、こそこそ話したりというようなことは、すべて狩られるヒトとしての知性として解説することが可能です。興味のある方は、是非この本を読んでください。

食物をめぐる葛藤とその解決法

では、狩猟から人間の進化をどのように考え直したらいいのでしょうか。1980年代の終わり頃から、狩猟ではなく、食物を共有すること自体が人間の社会をつくる大きな力になったのではないかという説が語られるようになりました。「なんだ、そんなことか」と思われるかもしれませんが、人間以外の霊長類にとっては、食物を共有するというのはとても難しいこ

となのです。それではその食物をめぐる葛藤、そしてその解決法についてお話ししたいと思います。

霊長類の社会進化

図3は、伊谷純一郎先生が霊長類の社会構造の進化と社会関係の進化を同時に考えたものの図式です。

霊長類というのは、初めは小さな夜行性の哺乳類、単独で縄張りをもつ動物として登場しました。それが一夫一婦型の社会つまり群れをもつようになって、昼の領域へ進出しました（昼行性）。それにより、さらに大きな集団をつくるようになります。これは昼の世界で活動する肉食動物の脅威から逃れるためです。そして地上に降りてさらに集団を大きくしていきました。

その集団構造は、大きく〈母系〉と〈父系〉に収斂されます。〈母系〉

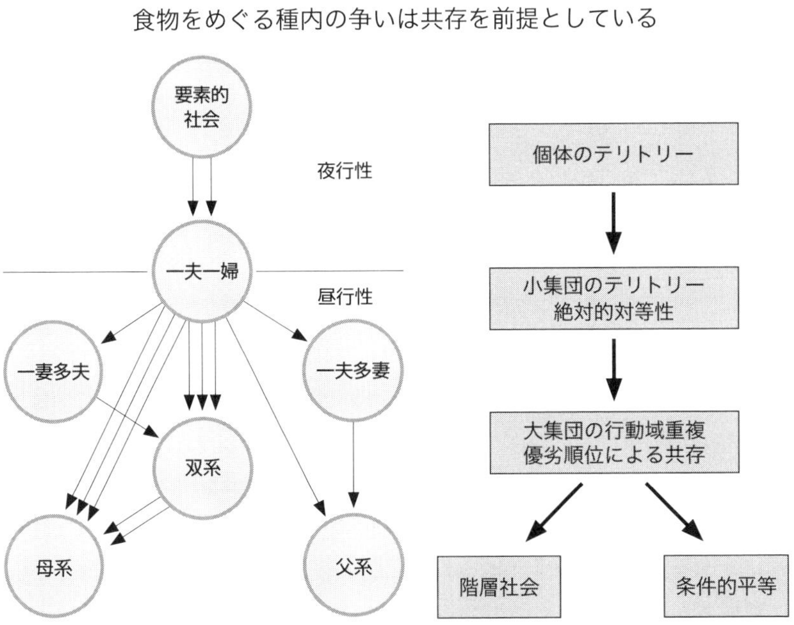

食物をめぐる種内の争いは共存を前提としている

図3　霊長類の社会進化

は、ニホンザルに代表されるように、メスが生涯自分の集団で暮らし、オスは集団を渡り歩きます。逆に〈父系〉というのはチンパンジーなどの類人猿の社会に見られ、メスだけが集団間を渡り歩き、オスは出自集団に残るという形の社会構造です。

社会的知覚力

社会関係の進化はこの社会構造の進化と連動しており、個体のテリトリーから小集団のテリトリー（ペアなど）になり、大きな集団をつくるようになったときに、集団内で個体が共存するために、優劣を認知するような「社会的知覚力」が発達しました。

これは「食物をめぐって争わない」という発想からきています。弱いものは強いものにすぐ譲ります。そこで譲らなければ、ケンカになるからです。葛藤が起きると、即座にどちらが強いか認知して、弱いものが抑制する。そのための能力が発達したのです。

ニホンザルなどではこのような「社会的知覚力」が発達した階層社会に向かいましたが、チンパンジーなどの類人猿では、優劣の認知をなるべく薄めました。条件を与え、状況に応じて優劣を無いものにしたのです。

伊谷先生は、類人猿はメスが集団を渡り歩き、生涯で一番大切な繁殖を新しい仲間とつくり変えていくという習性が生まれたために優劣を一旦マスクするような社会性が発達した、というように考えておられたのだと思います。

霊長類のテリトリーの特徴

霊長類のテリトリーは、実は鳥ともほかの哺乳類とも違います。鳥はまずオスがテリトリーを構え、そこにメスを呼び込みますが、霊長類の場合はオスもメスもテリトリーをもっていて、オスはメスよりも大きなテリトリーをつくります。そして半永久的な集団をつくり、ほかの哺乳類（ゾウやシマウマ）のようなメス単独あるいはメスどうしの群れはまれです。

そのようにしてつくられた群れの構成員は、群れへの帰属意識があります。そしてその群れでは、資源を分割しようという意識ではなく、仲間と

共有しようという意識があります。これらは非常に重要なことです。そこで、ほかの群れの個体が侵入してきた場合、群れの構成員が協力して追い払うという行動が現れます。

サルと類人猿の食物をめぐる葛藤の解決

霊長類の食べ物は果実などの植物なので、動きません。だからそれがある場所をめぐる占有権について、お互いの優劣認知を利用して解決します。これが霊長類の食物をめぐる葛藤のもともとの解決方法です。

もう一つ非常に面白い規則があります。それは、「先行所有者優先の原則」というもので、一旦手にもってしまえば、いかに優位なサルといえども、その食物を奪ってはいけないというものです。

しかし、霊長類のなかでも、類人猿はそうではありません。類人猿は、一旦手にもった食物を奪う、しかも劣位なほうが奪うことができます。

たとえば、ボノボという類人猿がいます。あるボノボがサトウキビをもっていたとします。ほかのボノボが「ちょうだい」というふうに、手をそのボノボの口のところにもってくる。そうすると、サトウキビを口からペッと吐き出してやるわけです。つまり「食物分配」が起こります。

つまり食物をもっている優位なものに、食物をもたない劣位なものが近づいて、食物の譲渡を要求する、というニホンザルとはまったく逆のことが起こっています。このように「先行所有者優先の原則」を破り、優劣の認知を逆転させたところが、類人猿の面白いところです。

これは、仲間の支えによって社会的地位を保っていることの反映、つまり「肉を与えなければ自分の地位が危ういぞ」などといつも意識しているということです。

社会性とコミュニケーション

そして、食物を要求するほうは一旦手にもった食物について、その所有者の譲歩を引き出し、「あなたと私はこういうものでしょう？」という社会関係の確認手段として使う。だからこそ、もっているものを渡さざるを得ないわけです。

そしてこういった食物の分配が必ず真正面からの対面交渉だというのが、実は非常に重要です。私が研究しているゴリラにも、このような対面交渉が多々見られ、とても不思議に思われました。

　なぜなら、ニホンザルでは相手の顔を見ることは威嚇、脅しになるからです。見返してしまうと挑戦として受けとられて反撃されてしまうため、見られた弱いほうのサルは、必ず目を背けて顔を見ることはしません。

　ところが、ゴリラでは互いに、あるいはゴリラが私の目をまともに見てくるということが起こります。それは彼らの間では相手の顔を見つめることが決して威嚇ではないということです。実際、さまざまな社会交渉の局面で、顔を見合わせるということが起こります。

　たとえばケンカの仲裁の場面です。互いに興奮して戦おうとしている2頭のオスゴリラの間に若いゴリラが入ってきて、その両者の顔を代わる代わるのぞき込んでなだめてしまう、ということが起こります。ニホンザルではこれがまったく起こりません。

　この行動はお母さんが子どもの顔をのぞき込んで相手と一体化し、子どもの行動を操作しようとするやり方に似ているように思います。そこから由来したのではないでしょうか。相手と一体化して操作するコミュニケーションなのかもしれません。

ゴリラに独特な対面交渉

人類の食の特徴

　人間の食についても、このような類人猿とサルの違いの延長線上で考えられないでしょうか。

　類人猿は、要求されなければ決して食物を分配しません。しかし人間はさらに発展して、わざわざ自分から食物を積極的にあげにいきます。実はこれが人間のコミュニケーションなのです。つまり、葛藤が起こるようなもの（食物）を前に置きながら、それを道具として利用し、相手と自分の関係をつくる、あるいは調節しているわけです。

　人間以外の霊長類にとっては、食べ物はケンカのもとになりますから、食べるときにはみんな散らばり、休むときには集まります。これが霊長類の普通の生活様式です。

　ところが人間は逆で、食べるときに集まります。これは人間の「公共性」というものの本質で、複数の家族が集まって、家族を超えた地域共同体をつくる上で、食というのは欠かせなかった。そのため食物を使ったコミュニケーションが使われたのだと私は思っています。

　食事というのは、客が来たときに必ずおこなわれる接待の一つですね。今でも食事というのは、家族を超えておこなわれます。人間関係を制御する非常に原初的な手段として使われているのかもしれません。

性をめぐる葛藤とその解決法

　先ほど述べたように、食物をめぐる葛藤は、もとは場所の占有権をめぐる葛藤で、優劣関係を反映させて占有権を決めます。類人猿はそれを逆手にとって、分配移譲によって関係をつくるということをします。

　しかし、性をめぐる葛藤はそれとは違います。性は場所ではなく相手です。相手は動くし、意思があります。そして、食物のような消費財ではなく、生殖可能な時期が決まっています。特に霊長類のメスの排卵の時期は

性周期の中のわずか1日か2日しかありません。その時しか受胎しないのです。

そして、メスも相手を選びます。オスだけが選んで、オスだけが葛藤しても話になりません。特に類人猿ではメスは群れを離れて移動しますから、さまざまな条件によって、食物とはまったく違う葛藤が同性の間、あるいは異性の間にもたらされるわけです。

類人猿の社会構造

人間に近い類人猿はさまざまありますが、実は、種や属によって社会構造がまったく違います。テナガザルはペア、オランウータンは単独、ゴリラは一夫多妻、チンパンジーは多夫多妻といったように、社会構造がバラエティにとんだ種が混在しているのです。

このような社会構造は、人間を含むヒト科の霊長類の性をめぐる葛藤解決の仕方が違っていることを反映しています。

類人猿の社会構造ではメスが移動しますが、おそらくこのメスの移動がオスの群がり方に大きな影響を与え、これほど大きな変異をつくり出しました。メスが動かないニホンザルなどの社会にはあまり変異が起きなかったのです。メスが動くからこそ、社会にさまざまな変異が出てきたのだと思います。

そして非常に面白いのは、配偶関係が確立した社会と乱交の社会の両極端の社会の間には「オスによる子殺し」がありません。オランウータンのようにまったく単独で生きている社会にも、子殺しはありません。ですが、その中間のチンパンジーやゴリラの社会には、子殺しがあります。

つまり、オスが複数のメスと共存し、メスとの交尾を独占しようと図る、しかしそれがなかなか実現できない社会で子殺しが起こります。子どもの父親ではないオスが子どもを殺すわけです。

オスの繁殖戦略としての子殺し

　この「子殺し」という行動は私の大先輩の杉山幸丸(ゆきまる)先生〔1935-〕が1965年に最初に発見しました。当初は自分と同種の子どもを殺すなんてあり得ないと言われて信用されませんでした。しかし、それからライオンやハイエナなどのさまざまな哺乳類にも子殺し行動というのが続々と見られるようになって、子殺しが珍しいことではないことがわかってきました。そして、進化の中で発達した繁殖戦略の一つとして理解できるのではないかと考えられるようになりました。

　それを集大成したのが、サラ・ブラファー・ハーディ〔Sarah Blaffer Hrdy, 1946-〕です。彼女は、オスがほかのオスの子どもを殺すことによって、その子どもに授乳をしていたメスの授乳が止まり、そのおかげで発情が早められ、そのメスと交尾をして自分の子どもを残す。そういうオスの繁殖戦略であると考えたわけです。

　杉山先生が子殺しを発見した群れではオスが１頭でメスが複数の群れをつくっていました。それにあぶれたオスはオス集団をつくり、２年に一度ぐらい一斉にこの群れを攻撃して、リーダーを追い出してしまい、新しいリーダーになります。その新しいリーダーが、赤ん坊のいるメスを攻撃し始め、赤ん坊を殺してしまうのです。赤ん坊を殺された母親は、その集団に居続けなくてはなりませんから、２週間後に発情し始め、あろうことか自分の子どもを殺したオスと交尾をしてその子どもを残すのです。オスには自分の子どもを残すチャンスがめぐってくるわけです。

子殺しが頻発する種・子殺しがない種の特徴

　子殺しが頻発する種の特徴は、オスがメスより大きく、複数のメスと群れをつくり、オスがメスを独占することです。そしてメスは群れ以外のオスとは交尾をしません。だから、群れの外のオスはチャンスをねらっているわけです。また、メスは一斉には発情しません。一斉に発情するのであれば、子どもを殺しても殺さなくても、メスは発情期にならないと発情しないわけですから、子どもを殺す意味がなくなってしまいます。そしてもう一つは、授乳期にメスが発情しないということです。つまり、お乳をや

っているとメスが発情しないので、子どもを引き離すことで、お乳を止めようとするのです。

逆に、子殺しが見られない種の特徴は何でしょうか。

まず先ほども言ったように、オランウータンやテナガザルのように、単独生活あるいは雌雄のペアで暮らす生活をしているということです。

実は、ボノボは出産して4年間ぐらいお乳をずっとやり続けているのですが、1年後には発情を再開します。だから、ボノボの場合には、お乳をやっていても発情できるような仕組みが備わっているわけです。このように、ボノボのような乱交社会では子どもの有無にかかわらずオスとの交尾にすぐにでも応じられるような性の特徴をもっているがゆえに、子殺しがないとも考えられます。

ゴリラの社会構造の変化と子殺し

私は、ゴリラで調べてみました。実はゴリラは、地域によって子殺しが起こっているところと、子殺しが起きないところがあります。

子殺しが起こっているところでは、複数のオスが同じ集団で暮らしています。一方子殺しが見られない地域では、オスは1頭で複数のメスと集団をつくります。そして繁殖に関わる特徴を比べてみると、子殺しが起こっている地域では初産年齢、出産間隔が早くなっています。つまり子どもが殺されてしまうため、すみやかにたくさん子どもを産もうとする傾向が見られます。これはオスの暴力に対するメスの生理的反応だと考えられます。

このように、同じ種のゴリラでも、環境によって社会構造というものを変えていく可能性があります。食物である果実が増加すると、メスは遅く繁殖するようになります。しかし子殺しが起こると、メスは繁殖を早め、オスの集合性が高まり、という形で、社会というのはこのように二つの要因で変化することが証明されたのではないかと思っています。

ほかの霊長類には見られない人類の社会的特徴

ここでようやく人間の話になるのですが、ヒトも類人猿も含めた「真猿類」と呼ばれる霊長類の祖先の性の特徴をたどったところ、人類は発情サ

インをなくしてから単婚型に進化をしたのではないか、と考えられています。

そしてこのような進化をすることによってほかの霊長類にはない社会をつくりました。一つは「家族」をもつようになったことです。そして、一家族だけで独立するのではなく、家族が複数集まって、個人が集団間を行き来できるような地域共同体をつくりました。そして人間は、家族どうしを結びつける手段として、「結婚」というものを始めました（図4）。

しかし、実は、人間以外の霊長類は、図5のようになっています。向社会的というのは、利他的な行動のことです。これは人間以外の霊長類の社会では母親と幼児の間にしか見られません。しかし人間では、図4のように家族というのは、基本的に向社会的です。そして集団間では、互酬的な行動が見られます。

また、人間以外の霊長類の集団の中では、血縁が違う個体同士は基本的に助け合うということはしません。交尾関係をもつようになったオスとメスの間で互酬的な行動が見られることもありますが、基本的にはただ一緒にいるだけです。さらに、集団を出てしまうと、敵対的になります。これ

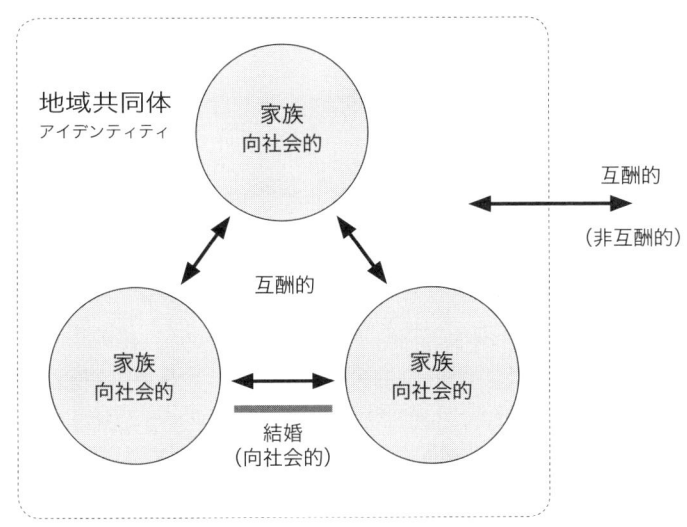

図4　社会生態モデル

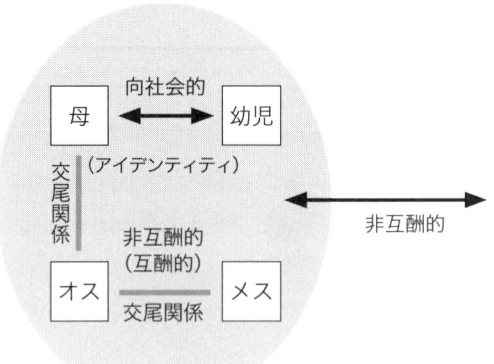

図5　人間以外の霊長類の社会性

が人間以外の霊長類の社会性です。

しかし人間の家族では、母親と幼児のみならず、父と子あるいは夫婦間でも向社会的な関係です。そして家族どうし、同じ地域共同体に属する者は互酬的な関係です。そして家族どうしが結婚によって結びつけられると、互酬的を超えて向社会的な間柄になるのです。

性の隠蔽

このように、人間以外の霊長類では母親と幼児にのみ認められていた向社会的な関係が、人間では家族内の他者にまで延長されました。そして、性交渉をもたない隣人との間にも、食を通じて互酬的な関係が生じました。そしてさらに集団へのアイデンティティを保ったままほかの集団を渡り歩くということが、人間の社会だけに見られるようになります。

これは、夫婦間以外の性交渉を禁じることによって、公の場での性の葛藤を抑制し、性を隠蔽したことによってもたらされたと考えられます。ボノボなどの乱交・乱婚の社会では性を公にして社会関係の調整に利用しているのとはまったく逆です。それを育てたのは、実は「共同の子育て」だと思います。

人間の祖先は熱帯雨林を出て、肉食獣がうようよしている草原へ出てい

ったため、複数の家族がまとまって暮らす必要がありました。捕食圧が高い環境へ行ったからこそ、人間の男は育児に関わるようになり、家族どうしが協力して育児をするようになり、地域共同体をつくることになったのです。

先ほども述べましたが、人間は「狩られて」進化をしたわけです。

ヒトの生活史の不思議

ここで大きく視点を変えてみましょう。類人猿の生活史と比べてみると、ヒトの生活史には非常に奇妙な点があることが最近わかってきました。

「子ども期」があること、「青年期」があること、そして繁殖能力を喪失しても長期間生存することの三つです。この三つは、独立にではなく組み合わさって出てきたものです。

子ども期

子どもがお乳を吸っている乳児期は、人間では1〜2年と非常に短くなっています。

人間の祖先は熱帯雨林から出て、肉食獣がうようよするような非常に危険な場所で暮らし始めたため、幼児の死亡率が非常に高まりました。そのために人間は多産になる必要がありました。そこで、授乳期と出産間隔を縮め、一生涯にたくさん子どもが産めるような身体になったのだと思います。

しかし、授乳期を縮めたところ、離乳したのに大人の食べるものが食べられない時期をもってしまいました。それが「子ども期」です。人間の幼児に永久歯が出てくるのは「6歳臼歯」と言われるように、6歳です。それまではエナメル質が非常に薄い華奢な乳歯で食べ物を食べなくてはなりません。特に農業が出現する以前は、大人は非常に硬いものを食べていた

はずですから、それを加工したり食べやすいものを取ってきて子どもに与えたりしなくてはならなかったでしょう。ですから非常に手のかかる特別な時期です。

青年期

　そして、大人の身体にはなったが繁殖力は身についていない時期、「青年期」があります。それは、実は人間の身体に大きな脳が備わったことが関係します。

　ここで気をつけていただきたいのは、脳の大型化が始まった時期にはすでに直立二足歩行は完成されていたということです（図2）。二足歩行では骨盤の幅を広げることができませんので、産道の大きさを広げることができないということになります。そこで、人間の子どもは成人の脳に比べると小さな脳をして生まれてくることになるわけです。しかも、できるだけ大きい頭の子どもを産もうとするのでものすごく難産です。この難産というのは、人間だけがもっている特徴です。

　これは脳の成長に関係しています。実は生まれたときの脳の大きさは、ゴリラとヒトの新生児ではあまり変わりません（250cc〜300cc）。それがゴリラでは4歳で2倍になります。一方人間の脳の大きさは、18歳まで成長を続けて6倍にもなります。

　この脳というのは非常にエネルギーを消費する器官なので、ヒトは新生児の時期に摂取エネルギーの多くを脳に供給し、身体にエネルギーが十分に回りません。だから、人間の赤ちゃんは、脳はどんどん成長するけれども、身体の発育は遅れるということになりました。結果、人間のお母さんは、脳は成長し続けているのに身体はなかなか生育してくれない子どもを、しかもたくさん抱えることになってしまいました。そのため子育てにほかの手が必要になったというわけです。

　また「思春期スパート」と呼ばれる時期があります。これは乳児期から成長し続けていた脳が大人の大きさになったときに、今度はエネルギーが一気に身体のほうに回るようになることで、加速して（スパート）身体が一気に成長することを言います。これが人間では非常に顕著に現れます。

このとき心身のバランスを欠くので、暴力的になったり、野心的にいろいろな冒険をしてみたくなったりするわけです。

"おばあちゃん仮説"

また、育児には男だけではなくすでに繁殖を終えたヒト(おばあちゃん)による助けが大きかったと思います。だから、実は人間の女性は繁殖の時期を前倒しにして次世代の繁殖を手伝うようになったのではないかという仮説があり、"おばあちゃん仮説"と呼ばれています。

現代の狩猟採集民では、10代の前半ぐらいで、男の子は狩猟、女の子は採集、と分かれますが、女性は育児に関わるようになるとそれほど食物の供給力を上げられません。しかし60歳を超えても植物の採集によって供給力はほとんど落ちることなく続くわけです。ところが男のほうは、狩猟にしか携わらないので、体力が落ちると供給力が大きく落ち込んでしまいます。つまり食料供給力が女性のほうが男性より上である時期が、老年期で起こるわけです。それが、おそらく集団の生存に非常に重要であっただろうと思われるのです。

人類の進化と気候変動

人類が登場したのは約700万年前だと言われています。これは地球の気候が非常に小刻みに変化し始めた時期で、それを乗り越えなければならなかったわけです。

森林の外へ出た人類の祖先は、そこで二つの異なる課題に直面しました。一つは、草原では食物が非常に分散していたため、小集団に分かれて食物を探し歩かなくてはならなかったことです。もう一つは、強力な捕食圧のために、安全な場所で、みんなで固まって寝なければならなかったことです。この二つの課題を解決する手段として人間の社会性が生まれました。

私は、「家族」というのは人類の進化の中でもかなり最初の時期に起こったのではないかと考えています。つまり、人間が言葉を話したりするよりずっと以前に、その基本的な形はでき上がったのではないかと思っています。

家族をつくって社会的な力が非常に強くなったために、人間の祖先はアフリカを出ることができたのではないかと考えられます。

人間に特有な暴力が生まれたのはいつか？

　私はこのような人間の特徴が合わさって、人間に特有の暴力が生まれたのではないかと考えています。
　チンパンジーの研究者のリチャード・ランガム〔Richard Wrangham, 1948-〕という人の研究によると、狩猟採集民の集団間の暴力によってヒトが死ぬ確率は、チンパンジーとあまり変わらないが、農耕社会では非常に増えるというのです（ただし、農耕社会によって誤差が非常に大きいということは注目しておいていいと思います）。

集団間の暴力を激化させた要因
　その集団間の暴力、まさに戦争のことですが、これを激化させた要因は、ほかの霊長類にはない「集団への強い帰属心」でしょう。
　先ほども述べましたように、向社会的な関係は霊長類では母親と幼児だけに限られていたのに、それを家族内、家族間に広げたために、集団への非常に強い帰属心とアイデンティティが生まれたのです。
　そして、人間は自分の集団へのアイデンティティをもったまま、集団を移動するわけです。これは人間以外の霊長類ではあり得ないことです。人間以外の霊長類はいったん集団を出てしまえば、その集団への帰属意識はまったく消失してしまいます。別の集団へ入れば、また別の生活が始まるわけです。しかし人間は行ったり来たりできます。それは、集団へのアイデンティティを失わないからです。
　その集団意識を増幅したのは、おそらく言語以前のコミュニケーションであった音楽――「歌」だと思います。これにさらに言葉によるコミュニ

ケーションが加わり、人間のイマジネーション、情報というものが格段に大きくなります。

　さらに農業あるいは定住化という生活様式が新たに始まったことで、集団と集団との間に境界線が引かれるようになりました。その農業によって、今度は場所というものが非常に重要になります。

　また、現実的な集団の規模からさらに集団を拡大するため、人間は死者を利用しました。つまり、「あなたと私は初めて会ったけれども、実は祖先は一緒だった。それでは兄弟のようなものじゃないか」というのが、死者につながるアイデンティティです。これにより、ますます集団を大きくすることができるようになりました。

人間の社会性の進化

　家族の成立とは、複数の男女が混在する集団で、単婚が保障されたこと、つまり性の平等性が保障されたことです。食物と違い、本来所有も譲渡もできない性の相手の帰属について社会の全体が了解する。これが「結婚」です。そしてその所有あるいは帰属を保障する集団へのアイデンティティが強化されました。

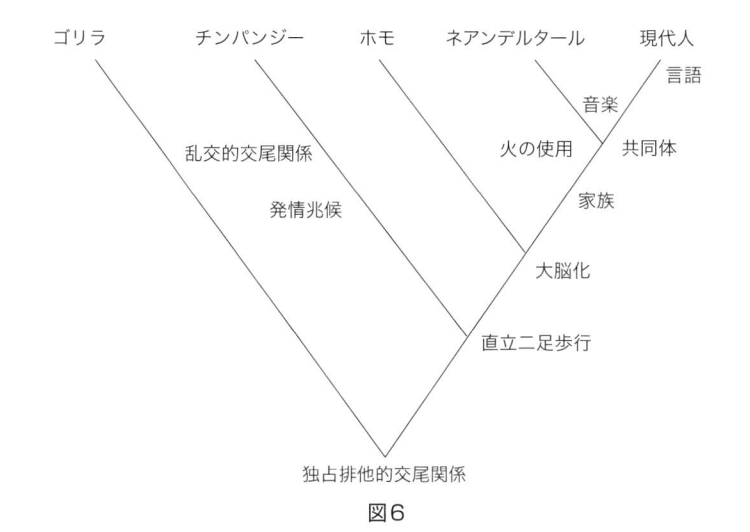

図6

そしてさらに、人間というのは、見返りを求める互酬性を交換によって確立する性質をもっています。それが人間の社会性の基本です。

そこで、性の相手を互酬性に基づいた交換に用い、そうして集団どうしあるいは集団の中での互酬性というものが確立されました。まさにレヴィ＝ストロースも言ったように、結婚というのは集団に基づいた長期的互酬関係なのです。このように、食物と性をめぐる葛藤を、霊長類とは違うやり方で人間は解決してきたということが人間の社会性の根本にあるのだろうと思います。

そして、人間は、おそらく集団内部の社会関係を図6のような順番で変えていったのではないでしょうか。言語は、せいぜい4、5万年前ぐらいに出てきたと言われていますが、それまでに基本的にほとんどの社会性はつくられてしまっていたと思います。

そして、今

今、大規模な戦争を含むさまざまな暴力が頻発しています。どの時代からこのような状況になったのかお話しするのはなかなか難しいと思います。

しかし、現時点について考えれば、私がここまで述べてきた、人間に特有な社会性がつくられてきたプロセスを考えてみると、失われているものの大きさがわかるのではないかと思っています。

一つは、人の移動が非常に激しくなり、グローバル化が進んだために、集団間の境界というものが消失してきたということです。

二つ目に、祖先につながるアイデンティティというものがだんだん消失してきています。それには、墓がなくなったとか、死生観が変わったとか、あるいは宗教が信じられなくなったなどのいろいろな理由があるでしょう。

そして三つ目として、インターネットや携帯で目の前にいる人だけでなく、名前もどこにいるかもわからない人に対して通信ができるようになってきました。逆に言えば、そういう人たちからも情報が寄せられるわけです。だから、自分が身を寄せているコミュニティといったものがわからなくなってしまっているのです。

ほかの霊長類もそうですが、暴力というのは、こうしたものをきちんと

自覚して、何らかの葛藤でお互いが競合し合う状況になったときにそれを解決する手段として使われてきました。しかし今は逆に、集団への帰属意識、あるいは自分のアイデンティティというものを獲得するために暴力が使われているのではないでしょうか。

　たとえば欧米の映画を観ると、常に話題にのぼるのは、わけのわからない怪物などに対して人間が果敢に立ち向かって打ち勝つという物語です。打ち勝つために「暴力」というのが使われる。つまり、われわれは人間だ、あるいはアメリカ人だ、といった集団へのアイデンティティを高めるために暴力というものが使われているわけです。
　このように、人間はそういった集団へのアイデンティティに基づいて暴力というものをコントロールして使ってきたにもかかわらず、今度は逆に、その暴力によって、今失われた「境界」「アイデンティティ」「コミュニティ」の三つを取り戻そうとしているのではないかという気がしています。

山極寿一（やまぎわ・じゅいち）
1952年生まれ。京都大学大学院理学研究科博士課程修了。京都大学霊長類研究所助手などを経て、現在、京都大学大学院理学研究科教授。霊長類学者。人類進化論を専攻、ゴリラを主な研究対象とし、『暴力はどこからきたか』『人類進化論』『家族の起源』など著書、業績多数。

討論——基調講演を受けて

指定討論者　河合俊雄
　　　　　　宮野素子

人間と暴力

宮野　お話をありがとうございました。いろいろと考えさせられます。

今日会場に来ましたら、『源氏物語』の「車争い」の場面が描かれている絵がありました。「車争い」とは、御禊の祭り見物で、光源氏の正妻・葵の上と愛人・六条御息所が自分の車をどこへ置くかの場所取りで争ったというエピソードです。

このような、順番や場所取りのようないわゆる秩序に暴力や争いが介在していると思うと、暴力というのは「内と外」「私とあなた」などのような「境界」がすごく意識され、そこに介在、関係しているような言葉、行為なのではないかと感じました。

もう少し広げると「私の内と外」とも関係するのではないでしょうか。つまり、主体が主体の外へ離れていくことで、その主体を意識する、そのような意識のメカニズムや葛藤と暴力性が関係しているのではないかと思われます。

学問研究者の世界観の難しさ

河合　それでは私もお話ししてから山極先生にお答え頂くことにしましょう。

まず、私たち心理学の領域から霊長類研究を参考にする際の留意点を押さえておこうと思います。たとえばユング心理学は他領域の学問が非常に好きなのですが、他領域の学問を参考にするとき、下手をすると自分の理論に都合のいいところだけを取り入れてしまうリスクが大きいと思います。

　河合雅雄の『森林がサルを生んだ』〔平凡社, 1979年〕というとても面白い本があります。しかし、事実に合わないことが出てきたり、やはり彼の平和主義的な世界観が出ているかもしれません。そのような世界観をわれわれがどう見抜くかということは、とても大事なことだと思いました。

人間は変わったサル

　さて、槍が登場したのは人類の700万年の歴史から考えるとごく最近だというお話がありましたが、いかにわれわれが暴力について勘違いしているか、このようなデータでわかるところはとても説得力があります。

　そして、サルの場合は食べ物をとることと敵と戦うことの暴力にはっきりした違いがあり、人類以外の霊長類の暴力には解決方法が存在しているとのお話でした。

　そう考えると、人類だけが暴力の解決方法をうまく見つけられていない変わったサルなのではないかという感じがしてきます。

「ない」ものと関わる暴力

　そして、人間は自分がもといた場所を離れても、そのアイデンティティを保つということを山極先生も言われましたが、人間の暴力にとって、この「アイデンティティ」というのがとても大きいのではないでしょうか。

　そこで思ったのは、暴力は「ない」ものの発生ととても関係しているということです。アイデンティティなどの存在しないものを生み出すのが暴力だし、また存在しないものを守るために出てくるのも暴力である。これが人間の暴力の特徴ではないかと思いました。

　そう考えると、暴力の機能は「ない」ものを生み出す、すなわち否定することではないでしょうか。「在る」ものだけで考えていけば、解決方法は見つかるのでしょうが、「ない」ものが存在するようになったために暴

力の問題はとても難しくなったのではないかと思います。これが人間が人間たるゆえんでもあり、人間の暴力の難しさではないでしょうか。

サルと類人猿、類人猿と人間

　山極　まず、宮野先生がおっしゃった、境界を超えて自分を外から眺められることというのは、非常に重要だと思います。そこにサルと類人猿、それから類人猿と人間の間に明確な違いが出てくると思います。

　サルと類人猿の違いは、鏡に映った鏡像を自分だと理解できるかどうか、つまり自己認知ができるかどうかだと言われます。類人猿にはこれができますから、自分を外から眺める視点をある程度もっていると言えると思います。

　また、サルと類人猿の行動を比較してみると、ほかの仲間を操作しようとするかしないかに大きな違いがあります。サルは面と向かったサルとどう対応するかについてのみ行動が集中しています。しかし類人猿の場合、相手の行動を変えてやろう、ほかの者に働きかけてやろうということが出てくるのです。

　また、類人猿と人間の間にも大きな差があります。最初に私が申し上げましたように、人間というのは、記憶によって過去の自分、自分の行動を自分の目から批判できるわけです。過去にいったん戻るということによって反省というのが生まれてきます。その部分が人間は非常に発達しているわけです。

自然中心主義的世界観

　河合先生がおっしゃった研究者の世界観については、まさにそのとおりです。

　河合雅雄先生は、私の偉大な先生で平和主義者ですが、それはやはり戦争を、しかも敗戦国で体験したからではないかと思います。だから河合雅雄先生や今西錦司先生たちは、平和や戦争とは無関係な論理で人間以前の時代について考えたかったのではないでしょうか。自然中心主義的な世界観をむしろ強調することで、人間中心主義的な世界観を変えようとしたのだろうと思います。

　人間中心主義的な世界観というのは、人間は進化の勝利者だという英雄伝説をつくり上げてしまいたがる、というもので、狩猟仮説もそういうふうにしてできました。しかし、自然中心主義的世界観で考えてみれば、人間というのは決して進化の勝者などではなかったのではないか。ではどのような進化のストーリーが考えられるのかについて追求していくと、全然違うストーリーが浮かんでくる、ということです。

存在と言葉

　それから「アイデンティティ」については、本当に重要な問題だと思います。これはおそらく言葉以前にもありましたが、言葉が出てきてから拡大されたものです。

　河合先生は、いみじくも「存在していないものを生み出すのが人間の暴力で、存在していないものを守るために暴力を生み出す」とおっしゃいました。その存在していないものを語るのが「言葉」です。「言葉」がなければ、存在していないものを共有することができません。物語というのは視覚的な語りで、われわれは見たことのように共有できる。そのようなものを言葉は紡ぎ出してしまいました。だからこそ人間の暴力というのはほかの動物とはまったく違うものになってしまったのでしょう。

　そしてもう一つだけ強調しておきたいのは、言葉というのは、現実にあり得ないことをまるで見たことのように紡ぎ出す技です。今は、インターネットや携帯などが普及した文字社会ですから、われわれ人間の能力を超

えて、イリュージョンやイマジネーションが広がりだしている。われわれは、文字あるいは文字ではない象徴を見て心を揺さぶられるわけです。

つまり言葉の暴力というものが変質していっている。だから、後の時代に振り返ってみたら、とんでもない変化の時代に差しかかっているのかもしれません。

身体を超えられない心

そして、われわれはボノボのようにはなれません。人間はボノボの身体をもっていないからです。われわれの心というのは、身体を超えられないのです。少なくとも今までは超えられなかった。

ガガーリンらが宇宙へ行った1960年代には、人間は20年後には丸薬を飲んで、野菜や肉の味を感じて十分満足できるようになると言われていました。しかし現実にはいろいろな食材が食卓を賑わしています。

ですから「食」というのは、人間の社会性にとって切っても切れないものだということです。このことは人間の社会性が人間の身体性を超えられないという意味で重要だと思います。反対意見もあるかもしれませんが、人間の心というのは、身体によってつくられるのだろうと思います。

しかし、今起こっているのは、人間の身体性を超えようとしていることです。だから非常に重要ではないかと思います。それは、言葉というものを超えて、人間のコミュニケーションのツールが変わってきたということです。これは人間の暴力性を考える上で非常に重要なのではないかと思います。

今変わりつつあるもの

河合 今お聞きしていて、セルフ・リフレクション、自分で自分のことを見るというのは、面白い大きなポイントだと思います。ラカンの「鏡像

段階」というのがあります。鏡に映る自分を見て、子どもが喜ぶ。初めて自分のことがわかるという時期がある。チンパンジーにはあるがサルにはなくて、しかも人間のセルフ・リフレクションはさらに違うと言われた。とても面白いと思いました。

　心理療法というのは結局はセルフ・リフレクションなんですよ。だけど、今われわれが思っているようなセルフ・リフレクションが西洋で出てきたのは実はかなり遅いです。これもデータがあるから面白いんですが、日記などに「私」という言葉が出てくるのは18世紀です。「セルフ〜」という言い方がものすごく出てくるのも、17、18世紀になってからです。それから心理療法が生まれてきました。言葉による機能はとても大きいと思います。

　しかし、今のお話をお聞きしていて、今の世の中の言葉やコミュニケーションというのは、自分自身に戻らなくなりつつあるというか、ネット・サーフィンなどでも、前にどんどんと進んでいくようなコミュニケーションになってきています。自分に戻るというあり方が変わってきているのかもしれません。自分に戻らないというのは、なかなか恐ろしいことだと思います。

身体に対する考え方の変化
　もう一つ、身体が何かの歯止めになるのかどうかについてです。それを崩すものが今はたくさんありますよね。
　たとえば、ネットゲームなどのインターネット上で、年齢や性別が身体とは一切違う人物として生きている人がクライエントにもたくさんいます。しかし、その人の身体が死んでしまえば終わりです。では身体とは何でしょうか。
　今は若い世代には整形に対する抵抗もなくなってきていますから、身体やアイデンティティに対する考え方もかなり変わってきていると思います。しかし結局はわれわれは死ぬのだから、最後には身体を超えることはできない。これは誤差範囲なのかもしれない。その辺については、いろいろと考えるところです。
　だから、確かに身体は違うのですが、ほかの霊長類、サルや類人猿を見

ていると、そういう意味でいろいろな可能性が見えるような気がして、とても面白いところがあります。

宮野　私は、自分に戻らなくなりつつあるということと身体を超える／超えないということは、同じような気がします。身体というのは、物理的に存在する身体と、物理的な身体を超えた自分がもっているイメージとしての存在のようなものが二重になっていると思います。

言葉にしても、自分の身体性のようなものを、戻ることで確認できるというところがありますが、それができないコミュニケーションが成立する（それをコミュニケーションと呼んでいいのかどうかわかりませんが）のは、身体性を超えようとするようなことが起こっているのかなと思いました。

それから、河合先生がおっしゃったように、身体に関わる性同一性障害の問題や自傷行為が今は非常に多いです。そのような人、それから摂食障害も自分の身体で身体を超えようとしている、そんな試みのような気がしてならないんです。

自分というものの変化と社会の変化

山極　先ほどお話しした、チャールズ・ダーウィンが人間と動物の違いであるとした道徳はどのようにつくられるのかと言いますと、良心と記憶のほかに、他人の称賛や非難によって形づくられると言っています。人間が集団に依存して生きるという非常に特殊な社会をつくり、他者の意見によって行為を変えることをおこなってきたために道徳ができた、ということを言ったわけです。

これは先ほど河合先生がおっしゃったような、自分というものに戻れなくなりつつあるということと関係があるのかもしれません。専門外のことですが、昔は日本でもヒステリーがあったのに、今はすごく少なくなっています。それは、もう社会から見られている自分というものにそれほどプレッシャーを感じなくて済むようになったからではないでしょうか。つまり、社会の要請ではなく、自己実現というものが生きる目標になってきたということです。

有森裕子がアトランタオリンピックで銅メダルを取ったとき、『自分で

自分をほめたい』と言いました。他人からほめられればうれしいけど、自分で自分をほめるなんて、とみんな驚いたわけです。しかし今はそれが当たり前になりました。この評価は他人からではなく自分からの評価です。ということは、いくらでも自分でつくり変えられるわけです。

　河合　そういう意味で、「自分で自分をほめる」というのは「自意識」ではありませんね。「自意識」というのは、常に他者の目がありますが、そうではなく自分の中だけの話ですよね。自分から出ていって戻るというループがないんだと思います。

　ヒステリーの話を聞いて思ったのですが、自分の中にある葛藤、あるいは他人から見られる意識というのが、あっと言う間になくなってしまっています。それと同時に、これまでとのギャップもあると思います。

　今日本で一番話題になっていることに、発達障害というテーマがあります。文部科学省の調査で6.3％の子どもに発達障害の傾向があるという結果が出ています〔平成14年度実施の全国実態調査〕。また、学生相談や企業のカウンセリングなどでもそういう人が非常に増えています。罪悪感というものがなく、自分というものがないのが特徴的です。

　それから、発達障害の子どもは、今そこにあるものへのこだわりがとても強いです。だから物を集めたりしますし、あるいは何時間後まで待つということができません。このように、意識がまったく変わっている。

　これは自分に戻ってくるということがなくなっている社会で出てきているものではないかという気もします。やはり何かが変わりつつあるのでは

ないでしょうか。
　ただし気をつけないといけないのは、これは仮説であって、もう少し長いスパンで見ていかないとわからないと思っています。

人間の身体と社会性

　山極　身体性と関係がありますが、われわれ人間はまずサルの身体をもって生まれてきます。人間は肉食動物ではないため食べ溜めがきかないので、毎日3食食べなくてはなりません。つまりサルの身体をもって、毎日食べて、毎日排泄するようにできているわけです。
　なぜそういう身体ができたかというと、サルは何千万年もかけて植物と共生してきたからです。植物は9割以上が被子植物で、被子植物は熱帯の高地に初めて登場して、それから全世界に広がったものです。
　なぜ全世界に広がることができたかというと、受粉と種をまくことに動物の力を使ったからです。受粉は昆虫、種を散布するのは鳥とサルです。鳥につづいてサルが登場して、サルが食べられるような、赤いリンゴや黄色いミカンといった大きな実をつけるものが出てきた。そして、サルはそれを食べて、あたり一面に糞をして種をばらまきます。
　おいしい果実、糖分に富んだ果実はそれに対する植物からの報酬なのです。このように、動く動物に種をまいてもらおうというのが被子植物の戦略だったわけです。われわれ霊長類はまんまとその策略にはまり、そのような身体をつくりました。

食が育てる社会性
　ここまで強調してきましたが、「食」というのは間身体性を形づくる非常に重要なツールです。ただ人間にとっては、食物を利用して関係をつくった歴史はまだ浅いのです。ですから、子どもはすぐにはそれが飲み込め

ず、食卓は戦争になります。

　自分が好きなものを取りたいけど、抑制して相手に取らせてあげて、それで相手の喜ぶ顔が見られ、自分にとってもそれが嬉しい。あるいは、自分が取らせてもらった代わりに、何かほかのものを譲る。食というのは、そういう社会性を育む場所です。つまり、人間の原初的な欲望である食欲を抑制して、共感や同調、みんなと一緒に何か食べている楽しさなどを育み、非常に重要な情報を伝え合っていたと思うのですが、現代の個食文化はそれを失ってしまったのではないでしょうか。

　しかも年齢の違う大人と子どもではなく、子どもどうしでないと、自分が我慢をして、人と一緒にいることによって楽しい思いを感じるという境地には、なかなか至らないのではないかと思います。ですから大人たちが子どもたちの食を仕切らないとだめです。だからどの文化でも食卓の作法というのがあります。そういうことをきちんと教えていかないと、社会性そのものが発達せずに終わってしまうのではないかという危惧を私は抱いています。

　河合　困るからと何か対策を考えると、裏目に出たりして、ものすごく難しい問題だと思います。でも、とても大切な指摘だと思います。

　山極　私はこの共同性が失われた補償作用が別な形で出てきている気がしています。

　たとえばカラオケやサッカーなどのスポーツ、あるいはコンサートにみんなで一緒に行って騒ぐ。これは共同の場で楽しむことが少なくなっているからでしょう。しかもコンサートやスポーツで騒ぐというのは努力する必要がないから安易です。要するに、人間のもっている社会的能力のほんの一部を使うだけでいい。

　このような、コンサートでみんなで手を振って踊って楽しいというのは、共同性を取り返したいという願望の現れではないでしょうか。特に若い人に多いというのは、日常生活で満たされていないからではないのかという気がします。

摂食障害と文化の歪み

川戸　大変面白いお話をどうもありがとうございました。

　われわれ臨床家は極端な病に陥った人を通して、病そのものが文化の歪みを表しているのではないかという発想をもっています。

　摂食障害の症例のいくつかを丁寧に追っていますが、私がもっているケースではすべてに「食卓」がありません。食卓がないというのは、身体を養うための食物は取り入れるが、食を通じて社会性を育む場所がない、ということです。皆が囲んで集う場がないということです。先生がおっしゃったように、食べるということは、公共性を養うこと、つまり自分を抑制して相手に喜んでもらう、あるいは相手から護ってもらう、という社会性を養うことですね。それが欠如しているのです。

　そして、摂食障害の病態像についても、以前は食べることを拒否するという極端な形態（アノレキシア）で亡くなることが多かったんですが、今では食べて食べて全部吐くということをします。病像は違いますが、拒食と過食の共通項は「食」の拒否です。これは、身体を養うための食の拒否を通じて、社会性を育む場所がない、という事実をつきつけてくれている行為とも理解できます。

　食べ物を拒否しているという病像が、われわれの文化の歪み、変化を教えてくれるのではないかと思っているのですが、そんな病理像について先生がどう思われるか、うかがいたいです。

山極　本当にわずかな例しか知りませんが、ゴリラにも吐くというのはあります。動物園のゴリラだけが食べて食べて吐くのです。

　それにはいくつか理由があって、やはりほかの個体からのプレッシャーがあって、かくれる場所のない所で吐きもどしが起こる。それが習慣化してしまって、ほかの個体がいないところで食べても吐いてしまう。

　ですから、ゴリラも社会的環境によって摂食への影響をかなり受けるのかなと思っています。非常にストレスを感じている個体ほど吐くようです。

川戸　ゴリラでも吐くという面白い話を聞いて非常に感動しましたが、やはり檻の中に入っている、動物園のゴリラというのは動物にとっては歪んだ変な文化だと思います。だから、人間にそういう症状がどんどん出て

くるのも一つの文化を表しているのではないかと思っています。

　日本では減りましたが、ヒステリーも、いろいろな問題を身体に転換するという問題です。それが昔は多かったのですが、今はもう身体に換えなくなってきて、身体だけではなくいろいろな違う症状として出てきたことも、文化を見ていく上での大きな問題の一つかなと思っています。

見つめ合うことと人間の社会性

　また、発達障害が増えてきたことと、出ていって返ってこない、ループにならない関係性の問題を考える場合、ゴリラは見つめ合う、というお話がヒントをくれるように思いました。見つめ合うときに、見て戻ってくるというのは、出したものが返ってくるという、一つの大きなループですよね。

　今、人間の親子の多くは、見つめ合わなくなっているのではないかという気がするんです。短絡的に考えたくはないんですが、それが、発達障害が増加する文化、出て行って戻らないような文化をつくり出したのではないかと思います。「やはり根源には母子関係が」などと言うと、「また母子関係にすべて戻すのか」という反論が起こってきますが、やはり見つめ合うというループが人間社会でも壊れてきていることは考えておいたほうがよいように思いました。

　山極　今、大変重要なことをおっしゃられたんだと思います。私は今回あまり説明をしなかったのですが、ゴリラの見つめ合う、のぞき込むという行動は、人間とはちょっと違います。

　ゴリラの見つめ合う行動は、一体化して相手を操作したいという態度の現れだと思います。それを受けて食物の分配が起こったり、攻撃性がやんだりする。そしてその見つめ合いが非常に近い距離で起こります。人間で言えば、お母さんと子ども、あるいは恋人どうしが一体化するような、言

葉のいらない世界で起こっていると思います。

一方、人間の見つめ合い、対面はもう少し距離を置いて起こります。なぜかというと、目が違うからです。人間の目というのは、白目があって、目の動きが見える距離で相手の顔を見る習慣があります。そうすると、その人がどんな人間であるか、どのように自分を見ているのか、あるいは自分の言ったことについてどう考えているのかということを予測、モニターできるわけです。実はそれが非常に重要で、評価ということに関わってきます。

それが人間の社会性をきちんとつなぎとめていた大きな手段だったと思います。だからいまだに面接やお見合いなどで、必ず会って顔を見てから決めるわけです。

もし人間の言葉が、情報だけでつくられているとしたら、会わなくたっていい。だけど、会わなくちゃいけないのは、相手の内面をうかがいながら、人間の目の動きを通じて言葉を交わすということが重要だからです。言葉以外のメッセージがそこで伝わっていきます。

食事もそうです。食卓がなぜ向かい合ってつくられているかというと、相手の顔を見るようにつくられているわけです。今、マクドナルドなどは外の景色を見るように席がつくられていますが、それは逆に言えば、みんな人の顔を見ることが怖くなった、うっとおしくなったということの現れではないかと思います。このように、今は顔も見ず、声も聞かないで情報を受けとり、相手が評価されていくわけです。

それは、今までとは大きく違った世界に足を踏み出しつつあるということではないでしょうか。つまり、つい最近まで評価ということに関しては、態度、表情ということが一番大事で視覚的な世界に生きていたわけです。ところが、それをやめてしまったら、人間に対する評価というのは崩れるわけです。それで今までのような社会性を本当に維持できるだろうかと私

はすごく心配しています。

同じ物を見る視点

　河合　文化的なことで言えば、ヨーロッパ人が電車に乗るときは、絶対に向かい合って座ります。日本人は並んで座ったりします。その辺りの違いも面白いなと思います。乾杯のときに目をそらすと、向こうではとても失礼になりますが、日本なら目をそらすこともありますね。

　山極　たぶん文化的な違いがあると思うんですが、類人猿と人間でも一番違うのは、「同じものを見る」という視点ですね。人間の子どもは『お母さん、見て見て』と言うんです。お母さんと自分が一緒のことを見ているというのが重要です。たとえば、海や星を見に行こうというとき、2人あるいは何人かで一緒に同じものを見るということが重要です。それがものすごく大きな信頼感に変わるんです。

　たとえば『東京物語』〔1953年〕という映画で老夫婦が並んで座るというシーンがありますが、これが日本人の心性に非常に合う。対面ではなく、一緒に同じことを考え、同じことを思い、感動し、という姿勢の問題だろうと思います。

おわりに

〔シンポジウムがここまで展開したところでフロアから次のような質問：インターネット上でブログ、日記を書き、大勢の人に向けて、「一方通行」に発信できるようになったことについてどう思うか。また、これからどのようにしていけばよいのか？　を受けて、以下のようにディスカッションが締めくくられました。〕

　山極　私はインターネットで自己主張をすればいいと思いますから、ブログというのは非常にうまくいっている例だと思っています。インターネットという話で言えば、一方通行がいいと思います。自分を発信する道具

としては、すばらしいものです。

　ただ、「決定」ということをインターネットに委ねると、無名な人たちが相手の顔を見ずに意見を言い出して、とんでもない議論に発展してしまい、今までわれわれが体験していない世界をつくり出してしまうのではないかという気がします。だから、使い方を考えていくべきだと思います。

これからどうすればいいのか？

　河合　どうしたらいいかということについてはとても難しいのですが、現状をよく把握する中で、何かが出てくるのではないかなと思っています。ですから、こういう機会に、われわれの暴力に対する勘違いを認識するのも大事ですし、そこから始まるのではないでしょうか。

　暴力といえば、一つの大きな例として、資本主義対共産主義というものがありました。あれもすごい暴力でした。ところが、それがどれだけの抑止力になっていたのかということがベルリンの壁崩壊以後に分かりました。悪の権化のような共産主義さえなくなれば世の中は平和になると思っていたのに、むしろ暴力がにらみ合うことでできていた平和がなくなるということがある。

　今の社会もある意味で大きな暴力がなくなり、戦争などの暴力の問題がどれだけ難しいのかということに、直面させられているのではないかという気がしています。

　だから、なかなか解決策は見つからないし、これさえなくなったらいいのに、というものがなくなったからうまくいく、というものでもありません。その中でやはり個人としてどう見ていくかということが大切ではないかと思います。

信頼と暴力

　山極　暴力について少しだけつけ加えますと、私は「信頼」が一番大事だと思います。家族というのは、要するに信頼しすぎてもしすぎることがない揺るぎない信頼関係です。

　一方、一般の人に対してはある程度の信頼を置いている。たとえば、ホ

ームに立っていて、後ろから押されないだろうという信頼がある。これは人間に対する信頼です。それがなければ生きていけないわけです。しかし、ネット社会というのは、そのような信頼を崩しもするし、新しく構築もするわけです。実はそれが怖いのです。

　このように、どのようにして信頼がつくられるのかに対して、確固とした方法をもてなくなっている。面と向かって会っている人が、実は携帯で別のことを話しているかもしれない。視覚的な世界で信頼というものがつくっていた社会性が、揺らいでしまっているわけです。

　そこで、裏切られた、あるいは信頼しようとしても信頼しきれなかったというような、思いと反応のギャップが大きいために、それを回復しようとして力を行使するということが起こってくるのだと思います。そこに暴力が起こる。

　だから、信頼という問題を、今までの社会性とあまり変わらないような形で、どこかで保証しなければいけないと思います。

　今は個人個人が世界に開かれている時代です。世界の情報に自分でアクセスでき、ブログなどで発信して自分自身で評価ができる。それはいいと思います。

　ただし、他者との関係性というものをインターネットに委ねてはいけない。そこは、やはり非常に大事な信頼というものに基づいておこなわなければいけないんじゃないでしょうか。それが、これからどうしていけばいいかという、一つのヒントになればいいと思っています。

論 文

研究論文

個性化と多元的宇宙
ジェイムズ思想によるユング心理学再考

小木曽　由佳
京都大学大学院教育学研究科

1　はじめに

　「個性」の語源 "Individuum" は、「それ以上分割できないもの」の意味をもつ。ここには、一見相異なる二つの意味が含まれているように思われる。すなわち「分割しきった結果それ以上分割できない」の意と、「完全に統合されているためそれ以上分割できない」の意の二つである。前者は微細な砂の一粒一粒のように、後者は滔々たる海の水のように、どちらもやはり分かつことができない。
　ユング（Jung, Carl Gustav）の描く「個性化（Individuation）」というプロセスもまた、この両義性を反映するかのように、「個別的になること」と説明されたかと思えば、すぐ後の箇所で「全体へと至ること」と言い換えられてゆく（cf. Jung, 1928）。他者から区別された唯一無二の存在として、各人各様の価値を実現する。このようにとらえれば、「個性化」は「多様性（Vielheit）」への過程である。心的統合の度合いを高め、「自己（Selbst）」というこころの全体性を実現する。このようにとらえれば、「個性化」は「一者性・統合性（Einheit）」への過程である。「個性化」という事態が語られるとき、そこにはこの二つの軸が現れるのである。ユングにおいて「多」と「一」はいかなる関係でとらえられたのか。それらは二者択一的

なものなのか、あるいはまったくレベルを異にするものか。

　ユングは1916年のある講義で、とかく一つの法則によって人間心理を分析しようとする一般的な心理学の傾向を「心理学的一元論、むしろ一神論」と呼ぶ。それらは、現象の単純化が可能である点で有利な反面、一面的であるという弱点をもつ。実用性を得ることと引き換えに、多様性と、人生や世界の豊かな現実を縮減してしまっているというのだ（Jung, 1916）。続いてユングは以下のように述べる。

> 学問的精神にとっては少しも居心地のよいものではないが、それでも心理学は多元論の原理の価値を認めねばならない。それこそ、心理学を座礁から救う唯一の道である。この点で、心理学はウィリアム・ジェイムズの先駆的仕事に多くの恩義がある。（§483）

　ここでユングは自らの立場を単純な「心理学的一元論」から区別し、ジェイムズ（James, William）の取り組んだ「多元論の原理」に心理学の光明を見いだしているのだ。

　ユングの口からアメリカのプラグマティズムの思想家ジェイムズへの恩義が語られるのは、意外に見えるかもしれない。ユング思想は従来、一時は強烈に惹かれ合いながらも決定的に袂を分かつという劇的な物語を通して、とりもなおさずフロイト（Freud, Sigmund）の精神分析との関係において検討されてきたからである。

　ところが、近年、イギリスの心理学史家 Shamdasani (1995) が、この点について興味深い事実を明らかにしている。彼は『ユング自伝』の原稿を見つけ出し、公刊版においていくつかの重要な箇所が編集・削除されていたことを発見したのだ。ここで省略されてしまったものの一つが、ジェイムズの存在であった。元のタイプ原稿には公刊版第V章の「ジークムント・フロイト」に続いて「テオドール・フルールノワ（Théodore Flournoy）とウィリアム・ジェイムズ」なる章が存在したという。ユングはここで、フロイトが失敗した問題が、この二人の心理学者によって肯定的に答えられていたと主張する。特にジェイムズに関しては、その人柄と哲学に向け

ての最大の賛辞が綴られていたというのである。

晩年の『自伝』においてもなお、ユングが決して恩義を忘れることのなかったジェイムズという思想家から、ユング心理学は何を受け継いだのだろうか。こうした観点から読みなおすとき、彼の「個性化」論もまた、従来の読解とは違った新たな様相を呈して浮かび上がるはずである。そこで本論では、ユング自身の著作と彼の思想をラディカルに継承した元型的心理学における議論を、ジェイムズ思想に照らして再考することを試みる。

2　多元論の原理

(1) ジェイムズの方法論

上記の観点から改めてユングの著作を紐解くと、全集中の論文のみならず、複数の講演や書簡等の各所で、ジェイムズからの影響についての言及が散見されるのに気づく。ユングは「多元論の原理」をジェイムズからいかにして学んだのだろうか。

複数の言及箇所のうち、ユングが出典を挙げながらくり返し取り上げているジェイムズの著作は主に二つ、『宗教的経験の諸相（The Varieties of Religious Experience）』(1902)（以下、『諸相』）と『プラグマティズム（Pragmatism）』(1907) である。次に見ていくように、ユングは前者においてはジェイムズの学問的な方法論を、後者においてはその心理学的な認識論を、それぞれ感嘆をもって受けとめているように思われる。まずは、『諸相』に対するユングの評価について見ていこう。

ジェイムズは、『心理学原理（The Principles of Psychology）』を発表した1890年頃より、意識の周縁としての無意識の探求に大きな関心を寄せるようになったという。自ら中心となってアメリカ心霊研究協会を結成するのが1884年のことであり、彼の関心は、異常心理研究と心霊研究という心

理学の限界領域へと向かっていった (Taylor, 1999)。『諸相』は、そうした探求の中にあった1901-02年にジェイムズがおこなった宗教学の講義の記録である。ここでジェイムズは、一般的に宗教と呼ばれている伝統的・組織的なあり方を「制度的（institutional）」宗教、個人の宗教的経験を「個人的（personal）」宗教として厳密に区別し、後者を「より根本的」で「根源的な事柄」と明言する (James, 1902: 28ff)。そして「記述的な (descriptive)」方法論によって、古今東西の自伝資料に見られる宗教的経験の証言を次々に例示していくのだ。そこに「体験の現象性格を読みとる」ことを意図し、あくまで個人的な体験の一次性、根源性を主張したのである (深澤, 1996)。

　ユングは1936年の論文において、こうした『諸相』の「記述的（beschreibend）」方法論を高く評価している。ユングによれば、従来の医学的心理学においては、こころの現象が全体的にとらえられる必要が見過ごされてきた。それを乗り越えようとした「最初の包括的な試み」の一つが、ジェイムズの『諸相』であったというのだ。ユングは、自らも数年間にわたって実験的な研究をおこなってきたが、神経症や精神病に集中的に取り組むうち、「量的な測定も望ましいとはいえ、質的に記述する方法なしにはうまくいかないことに納得せざるをえなくなった」と述べる。障害を決定している事態はきわめて複雑なものであり、「いかなる自然科学も、もはやそれ以上実験的には先に進めないところでは記述的になるものであって、それによって科学的であることをやめてしまうことにはならない」。ここにユングは、量的・普遍的な法則化ではなく、多彩で生々しい個人の体験こそを一次的なものと描いた『諸相』におけるジェイムズの方法を、その先駆的なものとして取り上げるのである (Jung, 1936: §113)。

　個別的な現実を重視するこうした学問的態度は、ユング初期のタイプ理論に見られる彼の認識論とも深く関連していると言える。そして、このタイプ理論の成立に大きく関わっていたものこそ、ジェイムズによる『プラグマティズム』であった。

(2) 多元性としての「個人的方程式」

　1912年の講演においてユングは、ジェイムズの一連の講義録『プラグマティズム』からの長い引用とともに、彼がこれを「自らの導きの糸として受け取った」と明言している (Jung, 1912)。また、Shamdasani (2003) によれば、ユングの所蔵していた『プラグマティズム』には、至るところに膨大な量のアンダーラインが引かれていたという。

　ユングが特に共鳴した点は、ジェイムズがそこに展開した気質論にあった。『プラグマティズム』冒頭において、ジェイムズは次のように述べる。「私は紳士ならびに淑女諸君が皆めいめいなんらかの哲学をもっておられることを知っているし、また諸君についてもっとも興味深くかつ重要なことは、諸君の哲学が諸君のそれぞれの世界におけるパースペクティブを規定してゆくその仕方であることも知っている」(James, 1907: 12/1957: 9)。プラグマティズムの思想は、絶対的真理とは何かを問う形而上学を拒否し、われわれの生に実際的な効果をもたらすものこそ真理とみなすものである。したがって、世界には人の数だけ、千差万別の真理がありうる。ジェイムズは、命題の真偽をめぐる思想的対立もまた、生にとって何を善とするかに関する世界観の相違ととらえる。哲学史上、絶えずくり返されてきた合理論と経験論の対立も「人間の気質の衝突（clush of human temperaments）」にほかならないというのだ。合理論は、常に全体と普遍から発し、事物の統一を重んずる。対して経験論は、あくまで事実を重んじ、常に部分から発する。こうした本来的「気質」の相違のうちに思想的対立の根本原因を見たのである。

　この発想にインパクトを受けたユングは、1913年の講演「心理的諸タイプの問題のために（Zur Frage der Psychologischen Typen）」において、「外向」と「内向」という「二つの心理的タイプ」を初めて提示する。これを根拠づけるために、『プラグマティズム』におけるジェイムズの気質論を「この観点による最も妥当な観察」として詳細に紹介していくのである (Jung, 1913: §§864-869)。また、数年後の大著『タイプ論』(1921) では、思想上の対立に「心理学的な視点」をもち込んだジェイムズを高く評価し、そ

の検討に一章を割いている。まさにその数年間のユングが精神的な方向喪失の時期にあり、タイプ理論がその夜明けを告げる「新しい体系の鍵」となったことを考えれば（Homans, 1979）、ここでジェイムズの果たした役割は非常に重要なものと言えよう。紙幅の都合上、その詳細な検討は残念ながら別稿に譲ることになるが、本論では『プラグマティズム』を経由したユングがここに展開した多元的な側面に限定して論を進めたい。

　ユングは『タイプ論』序章において、自らの目的は、学問上あるいは人間同士の関係上の対立を、タイプの原理という心理学的な視点で説明することにあると述べる。ユングによれば、あらゆる学問的な理論形成や概念形成には、その提唱者の「主観的心理的な布置」が少なからぬ影響を与えている。ユングはこれを「心理的個人的方程式（psychologische persönliche Gleichung）」と名づけた。「個人的方程式の作用は観察するときにすでに始まっている」。人は、自分の位置から一番よく見えるものを見るからである。したがってユングは、「いわゆる客観的心理学における《純粋観察》という原理を信用しない」。心理学においては普遍的な理解など存在せず、自らの主観的な観察の範疇内で、いかに対象の「現実」に対する妥当な説明が可能となるかが問題となる。「その限りで、自分の目の中の梁こそがまさに兄弟の目の中の塵を見つける力を与える」。そしてユングは次のように述べる。「認識一般が、とりわけ心理学的認識が、主観によって制約されていることを認め、肝に銘じておくことは、観察主体とは別の心を学問的に公正に評価するためのひとつの根本条件である」。客観的な真理を、まずは括弧に入れる。心理学的認識は、常に主観的な偏重によって構成されているのに気づかねばならない、というのである（Jung, 1921: §§8-10）。

　さらに、上記の態度が満たされるためには、「観察者が自分自身の人格の範囲と性質に十分に精通している」ことが必要となる。それが「十分に精通できるのは、集合的判断という平均化する影響から高度に自由になり、それによって自分自身の個性を明確に理解するに至る場合だけである」というのだ。「集合性」への「同一性状態」から離れて、個的存在を形成し「特殊化」していくこと（§§825-828）。ユングの「個性化」論の着想の原点は、まさにこの点にあったと言える。「個人的方程式」の概念は、個々の

「多様性」を損なうことなく、その特有の「個別性」を意識化していく過程としての「個性化」の側面を照らし出すのである。

(3) 一元論的ユング理解

さて、ユングは後に、自ら回想しながら次のようなことを述べている。

> タイプについての本は、人間のなすいかなる判断もその人のタイプに制限されており、いかなる観点も相対的なものであるという認識をもたらした。その結果、こうした多様性（Vielheit）を補償する統一性（Einheit）への問いが頭をもたげたのである。(Jung, 1962: 211)

個の「多様性」が突き詰められたとき、そこにはその帰結として相対主義が待ち構えている。今度はこれを補償する「統一性」を、ユングは求めるようになったというのである。

ユング自身によるこの証言は、彼の「個性化」論にこめられる力点の変化とも関連していると思われる。河合（1998）が指摘しているように、錬金術研究に熱中した後期のユングにおいて、「個性化」はこころ全体における対立物の結合の問題に焦点化して語られる。こころの全体性としての「自己（Selbst）」を、イエス・キリストや錬金術における《賢者の石》になぞらえ、対立物の結合を通して、そうした統合的目標へと至る《作業（opus）》が重視されるようになったのである。ユングが好んで引用した錬金術の"unus mundus"という語が「一なる世界」を意味していたように、その議論はあたかも「自己」を理想とする一元論的世界観に支えられているかのように見える。ジェイムズの「多元論の原理」に動かされ、自らのタイプ理論で練り上げたはずの「個人的方程式」における多彩な個別性が背景に退いてしまうのだ。そのためか、「個性化」論はしばしば、多元的な側面をそぎ落とした一元論的な読解を許す。

しかしながら、臨床家としてのユングにおいて、「多様性」へのまなざしは本当に手放されてしまったのだろうか。「自己」の概念を掲げる限り、

個々の「個別性」は失われてしまうのだろうか。実は「多」と「一」に関するこの問いこそ、ジェイムズが自らに課した問題でもあった。彼は最晩年の書『多元的宇宙』(1909)において、彼のプラグマティズムを支える世界観について詳細に論じている。次節では『多元的宇宙』の内容を確認したのち、同じ問題に対するユングの継承者たちの議論を追うことにする。

3　多元的宇宙

(1) ジェイムズの『多元的宇宙』

　死の1年前に出版されたジェイムズの『多元的宇宙』は、出版前年の1908年5月にイギリスのオックスフォード大学でおこなわれた「哲学の現代的状況」という講義（Hibbert Lectures）の記録である。健康状態が定まらなかったことや、講義形式への躊躇から、当初は気の進まない招待だったものの、ジェイムズはその仕事の重要性を確信しており、大変な苦労の末、熱心に準備をおこなったという（Perry, 1935）。

　当時、絶対的観念論の牙城であったオックスフォードの聴衆を前に、彼が提示したのは、ほかならぬ多元論の可能性であった。ジェイムズは、多元論こそ世界に対する「親密さ（intimacy）」を育てるものであるとして、各個形（each-form）を奉ずる「多元論」・「根本的経験論」を、全体形（all-form）を奉ずる「一元論」・「絶対論の哲学」と対比させながら論を展開していくのである。（ただしこの際、唯物論的思考や絶対者を人間とはまったく切り離されたものとして考える二元論は、あらかじめ問題の外に置かれている。）

　ジェイムズによれば、この二つの立場はいずれも、かつて宗教において「神」と呼ばれていたものを、外的な創造者よりは内在的なものととらえ、人間の生を「その深い実在（deep reality）の小断片」と考える汎神論的な

ヴィジョンをもつものである。しかし一元論においては、その神的なものは「絶対者（the absolute）」として、歴史性を超え出た無時間的な性格をもつとされ、人間の日常の経験においてではなく、それが稀に絶対的全体性において経験される場合にしか、出会うことを許されない。ヘーゲル（Hegel, G. W. F.）の観念論が示した方法は、世界の多くの部分をうまく説明してはいるものの、「すべての矛盾を調停する唯一の全体」として上位の「絶対精神」を措定するかぎり、やはり個々の経験は統合された形に比べて低きものと見なされる。確かに「絶対者」の概念は、有限性の混乱の内にあっても、その根底ではすべてうまくいっているという美しい確信を与える。しかし、「世界の最も深い実在」をそうした歴史性のない静的なものととらえる限り、「世界はわれわれの共感を遠ざけ、世界の魂をよそよそしいものにしてしまう」のだ。「悪」などといった非合理あるいは不完全なものが「不名誉なもの（reproach）」として見なされるのも、この一元論的思考の過程においてである。これに対して、多元論が重視するのは、一元論では低く置かれるところの「時間の中を直線状にのびている、未完結の世界」にほかならない。「絶対者」が神秘家の前にしか現れないのに対して、「目的、理由、動機、欲望や嫌悪の対象、われわれが感じる悲しみや喜びの根本のすべては、有限な多様性の世界の内にあり」、現実として誰の手にも触れることのできるものであるとして、ジェイムズは以下のように述べる。

　　実在は配分的な形で存在するかもしれない。全体の形でではなく、それが見えるとおりの、各個の集合の形で。

　このように仮定することにより、「個別的なもの、個人的なもの、不健全なもの」の価値が認められ、「経験の最も小さな脈動の中にも、絶対者だけが持てると言われている、あのきわめて内的な複雑さが実現されている」と見なされるのである（James, 1909: 11-36）。
　しかも、それによって「深い実在」の存在が否定されるわけではない。それらはまた、日常的な宗教的経験や心霊現象、人格分裂などの精神医学

的な病理において、歴史上つねに直感されてきたものである。ジェイムズが述べたのは、そうした「より高いもの」を、すべてを包括する「絶対者」としてではなく、経験的な自我のように、やはりそれ自体の外部をもつものとしてとらえる必要であった。多元論において、「事物はさまざまのあり方において、お互いに『一緒に』いる。しかしすべてのものを包んだり、すべてのものを支配するものはない」というのである。個々の経験は、一方ではより高いものの一部であり、また一方では隣のものと「連続的に一体をなしている」が、経験されたそれらをどんなに多く集めても、「何か別のものがつねに欠けていて、統一の中に入らないでいる」。

それは確かに、一元論によって美しく描かれる、普遍的な全一性（all-einheit）で過不足なく纏め上げられた世界ではない。しかし、多元論の世界においては、どんなに極小の部分も、他との具体的な関係性において必ず結び合うがゆえに、すべてのものが可能的に結合しうる。「われわれの『多的世界（*multi*verse）』は依然として『宇宙（*uni*verse）』を形作っている」〔注：斜体は筆者による〕というのである（James, 1909: 78-84）。

(2) 多神論的心理学

さて、『多元的宇宙』の観点からユングの「自己」の概念に立ち返るとき、そこには何が見えてくるだろうか。絶対的一元論の神がそうであったように、「自己」という十全な概念を据える限り、こころのすべての現象は、「自己」よりは劣った、「自己」という理想を達成する途上にある断片と見なされるのだろうか。ユング解釈においては、そうした静的な一元論のように、しばしば「自己」が教条的にとらえられ、「個性化」が「自己」へのリニアな過程として読まれていく。たとえばノイマン（Neuman, E.）の『意識の起源史』で「個性化」が元型の発達段階を通して論じられるとき、そこにはあたかも「自己」に至るまでの決められた道筋と、秩序化された階層構造が存在するかに見えるのだ。その図式によって「個性化」論のある特徴が描けるとしても、それではかつて心理学的一元論を批判し、こころの多元的な現象に注目したユングの別の側面が見落とされてしまう

ように思われる。

　現代思想におけるポストモダン状況の中で、そうしたユングの読みに否を唱えた人物が、ユング派における元型的心理学の提唱者、ヒルマン（Hillman, James）であった。彼はこの問題を、現代心理学の理論構成の根幹における「多神論か一神論か」の葛藤の問いとして引き受ける。そして、ユングに発する自らの心理学を「多神論的心理学（polytheistic psychology）」として、従来のユング解釈の相対化を試みるのである。

　以下に、1971年の論文[注5]を中心に彼の主張を確認していこう。ヒルマンによれば、「多か一か」という問いの響きそのものが、われわれがいかに「一」に向かう傾向に支配されているかを示している。「統一（unity）」や「統合（integration）」という概念は、「多数性（multiplicity）」や「多様性（diversity）」よりも発達しているという印象を与えている。神学において、一神論は多神論やアニミズムがより進化した高次の形態であるという説がまことしやかに論じられるのに対応して、ユング心理学ではしばしば、「自己」が「アニマ／アニムス（anima/animus）」などの元型に比べて上位に置かれ、他の元型は「自己」の前段階としかみなされなかった。ヒルマンは、こうした一神論的な見方にとらわれた「個性化」の考え方に疑義を呈し、「個性化のモデルが一つしかないのだとしたら、本当の個性などというものがありうるだろうか」と問いかける。一神論的思考において、単一の秩序が目指される限り、「個々人の差異の多数性」は犠牲にされてしまう。しかし、ユングが『タイプ論』で示したように、「個性化」にはそうした多数性こそを重んじる「差異化」・「特殊化」の側面があったはずである。心理学の対象はつねに、多様性や現象的に不完全なものであった。解離など、こころの断片化を示す現代の病理は、「それ自体が多神論的な見直しを要求している」。階層的な段階を通して発達するという考えを一旦括弧に入れ、多様性を許容することによって、われわれは「成長しないこと、上昇しないこと、こころの要素の秩序のなさ」に寛容になることができる。ヒルマンは、一神論的な思考の元には劣ったものと見なされるようなこうした様態にも統一への過程と等しい価値を認め、現象それ自体を「それ自身の内へと深めること」の必要を説いたのである（Hillman, 1981:

109-126）。

　そして注目すべきことに、この論文に対する10年後の追記の末尾に、彼は実にジェイムズの『多元的宇宙』を、半ば唐突に引き合いに出しながら以下のように述べている。^{注6}

> 個別性（eachness）。それこそ、私がジェイムズと——そしてユングと共有するところである。［……］ジェイムズにとって、個別性とは、個性化の過程を通して達成されるものではなく、すでにそこに、「それが見えるとおりに」存在するものなのである。

　ヒルマンは、ジェイムズの哲学が心霊研究という「病理」の探求に端を発していることに言及する。ジェイムズは、完全とは言えないようなそれぞれの多様な心の現象を見つめる中にこそ、「直接的でみずみずしい」多数性と個別性を見いだした。「病理」はまた、ユングが元型的な神々を発見した場所にほかならない。心理療法において個々の患者に向き合う際、まず具体的な「あるがままのもの」に耳を傾ける態度を、ヒルマンは両者のもつ「こころの多神論的モデル」のうちに共有するというのだ（Hillman, 1981: 133ff）。

　以上に見られるヒルマンの試みは、「自己」の実現が強調されるあまりしばしば忘れられていた、「個性化」論の多元的側面に再度光を当てるものと言える。こうして、ユングの記した事例もまた、フロイトにおけるエディプスの物語のような一つの筋を必ずしももつものではなく、「色彩に富んでいるが本筋ではないような糸をたくさん拾っていく」ような「多様にして多彩」なものとして再提示されることになる。「個性化は多くの形を見せ、規定的な契機を持たず、いかなる終わりへも向かわないかもしれない」（Hillman, 1983: 10f）。

　ヒルマンのこうした議論を受け、元型的心理学をさらに批判的に展開したギーゲリッヒ（Giegerich, Wolfgang）もまた、心理学における多神論と一神論の問題について論じている。

　彼は「歴史性」という観点をもち込むことによって、多と一、差異化と

統合という区別よりはむしろ、人間が「有限か無限か（finite or infinite）」という決断こそが心理学に問われていると主張する。ギーゲリッヒによれば、一神論の考え方は、歴史性を超え出た「永遠の」・「無限の」神という上位の観点を想定することによって、あらゆる現象を摂理によって掌握し、人間を心理学的な有限性から解放してきたと言える。現代では、科学や国家などが「現実性へと変化した神」として君臨しているが、そこで得られる安心は、経験の新鮮さや直接性、独自の人間らしい尊厳と引き換えに手に入れられたものである。現代思想や深層心理学の勃興という出来事は、そうした「神」の観点のもつ「絶対性というファンタジー」からの「有限性への下降（descent）」にほかならない。そして、「われわれを絶えず刺激し、食い入り、高きにある一神論的地位を掘り崩し、それによってわれわれを心理学的多神論に駆り立てるのは、とりわけ精神病理学である」。なぜならそこで出会うものは、「完全に個人的な苦境、それ独自の顔をもつ苦境」であり、「前もって描かれた発達の経路の一『段階』や普遍的な問題の一『症例』、唯一神の一『側面』としてではなく」、「それ自身の深みへと運び、したがって自己充足的（self-sufficient）であるような」苦境と、つねに向き合うことになるからである。したがって、「魂の現象学（phenomenology of the soul）」に基づいた心理学は、出来事を「神の計画」や「科学的に証明されている因果関係」の内容と仕立て上げることによって、現象自体から目を逸らす代わりに、「常に新たに立ちはだかるような具体的要求にのみしたがう」ものであらねばならない。そのような意味で、ギーゲリッヒは「個人的な現象をある俯瞰的な図式（たとえばすべての発達心理学のそれ）の元に包括するような、包含的な理論の高みから降りてくること、それぞれの個別性（eachness）における心理学的な現象に真心をこめて専心する謙虚さへと降りてくること」を重視するのだ。そして、あるやり取りの中に閉じ込められた原初の事柄が、「その中にそれが必要とするものすべてを含んでいる」という考えこそ、彼が他の著作においてユングや錬金術を題材に論じてきたことだと述べるのである（Giegerich, 2008）。

　ヒルマンとギーゲリッヒが再度光を当てたユングの多元論的側面は、ほ

かならぬジェイムズの思想から受けとめられたものだったはずである。彼らとジェイムズの議論に共通して強調されるのは、小さく、不完全でいびつにも見える現象それ自体のうちに、すでに達成された「個別性」を看取すること、それ自身を深めることの必要であった。小さな個のうちにすべての必要なものを見るとき、「個性化」の過程は従来の解釈における直線上のものではなく、自己充足した循環的な過程としてとらえ直される。「個性化」で実現されるべき「自己」もまた、姿を現さない静的な「絶対者」としてではなく、個別の現象のうちにつねにすでに可能的に存在するものとして、再解釈することが可能なのではあるまいか。

4　おわりに

　多元的でありながら、一つ（*uni*verse）としてのまとまりをもつ。「個別性」を突き詰めた先に、それらの「個」を纏め上げる「一」が次元を違えて出現する。ジェイムズの思想のこのような特徴について、深澤（1996）は「ジェイムズにおいて多様と統一はレベルを異にしつつ輻輳していると考えるべき」であると述べる。
　ユングの示した「自己」の概念は、「自我であると同時に非-自我、主観的かつ客観的、個別的かつ集合的」（Jung, 1946: §474）と説明されるような、論理的に矛盾を孕む概念であった。そこにおいて、ユングが補償しあうものと述べた「多様性」と「統一性」の二項は、決して背反のものではなく、異なる次元において同時成立するものだったのではないか。そうであるなら、「個性化」論を「多様性」か「統合性」のいずれか一方に向かうものとして解釈すれば大きな誤りを犯すことになる。
　本論では、ジェイムズ思想との連関において「個性化」論を考察することにより、従来のユング解釈においてしばしば見落とされてきた「個性化」のもつ多元的な原理に着目した。その多元性は決して、「自己」実

現にとっての劣った様態ではなく、それを深めることそのものの中にこそ「統合性」が現れるものとされた。

　2010年は、ジェイムズの没後100年にあたる年である。彼の哲学は1世紀の時間を隔てながらも、ユング心理学にとって多くの示唆に富むものであり、その再考にあたって今こそ読みなおされるべき重要な思想と言える。本論では、ジェイムズによる多元論の思想から「個性化」論を読みなおすことにより、ささやかながら一つの成果が得られたかと思う。

注

1　ここでユングは、『諸相』とともにフルールノワの主著、『インドから火星へ』も挙げている。ジュネーヴ大学で実験心理学担当の教授だったフルールノワは、ジェイムズ晩年の最も親しい友人の一人であった（Perry, 1935）。ユングはジェイムズとともにフルールノワの名を何度も挙げている。「自伝草稿」にフルールノワへの多くの言及があったことを鑑みれば、ユングがフルールノワをどのように読んだか検討することも今後の課題と言える。

2　ユングは1909年9月、アメリカのクラーク大学での心理学会議にフロイトとともに招かれ、ジェイムズとの出会いを果たす。それはユングが34歳、ジェイムズにとってはその最晩年にあたる、67歳の時の出来事であった。晩餐会の合間、一時間ほどの会合ではあったものの、彼らは心理学、特に当時ユングが関心を寄せていた超常現象の心理学について、熱心に意見を交わし合ったという（Taylor, 1980）。ユングはこの4年後にフロイトと決別し、『赤の書』に描き留められたようなヴィジョンの渦に飲まれることになるが、『タイプ論』との関連など、そこにおいてジェイムズの理論がどのような意味をもったかについて十分に検討する必要がある。

3　1914年のユングの論文「精神病の意味」には、以下のような記述が見られる。「私は、ウィリアム・ジェイムズがプラグマティズムに関する本のなかでおこなった、二つのタイプに関するすぐれた叙述を特に強調したい」（Jung, 1914: §212）。

4　"Gleichung" は「等しいこと」「等式」などの意味をもつ。"persönliche Gleichung" は邦訳『タイプ論』で「個人的誤差」と訳されているが、本論では邦訳『赤の書』を参照し、各個人の世界受容の形式の演算として「個人的方程式」と訳出した（Jung, 2009/2010）。

5　ここで参照するヒルマンの論文は、1971年に *Spring* No.57に発表された "Psychology: Monotheistic or Polytheistic?" である。同論文は数年後の1974年、彼がエラノス会議で思想的に共鳴した宗教学者ミラー（Miller, D.）の *The New*

Polytheism: Rebirth of the Gods and Goddesses に補遺として収録されている。また、この本が1981年の改訂される際、論文に寄せられた反響に対する回答として、追記がなされた。そうしたヒルマンに対する反響の一つが、ギーゲリッヒの "Comment on James Hillman's "Psychology: Monotheistic or Polytheistic?"" であり、1979年にヒルマンの元の論文の独語訳が *Gorgo* No.2 に訳出された際のコメント論文として同時掲載された。また、ギーゲリッヒは2007年に、自らの英語版著作集 *Soul-Violence* に同論文を収録し、さらに数ページの追記をおこなっている。

6 ヒルマンはまた、主著の一つ *Re-Visioning Psychology*（1975）の結論部で、宗教と心理学の関係について論じる際に、やはり「ジェイムズに手がかりを求める」。ヒルマンによれば、元型的心理学は、ジェイムズが『諸相』において宗教的見解を心理学的観察を通じて確かめたのと逆の道をたどり、心理学的観察を宗教的見解を通して、どの神が働いているかを通して確かめることによって、宗教心理学へと至る。そして『多元的宇宙』は、心理学の探求が主観に基づき、自己充足的な、そして確かな前提の一つへと必ず通じることを認めたものであるとして、全体の議論を以下のように締めくくる。「人格化や病理化、心理学化、そして脱 - 人間化は、多神論の様式、多元的宇宙における神々の顕現の方法なのである」（Hillman, 1975: 226ff）。

7 ただし、18年後の追記においては、論文が書かれた当時はこの二者択一が、単に想像されたものにすぎなかったと自ら振り返って述べている。二つの概念は、いずれも同時にそこに属しているのであり、重要なのは、それぞれが互いにいかなる論理的関係性にあるかを理解することである。「われわれはそれらの間のシジギー的な緊張を保っていなければならない」というのである（Giegerich, 2008: 349）。

＊本研究は平成22年度日本学術振興会科学研究費補助金（特別研究員奨励費）の助成を受けたものである。

文　献

深澤英隆（1996）：「神秘主義論争」における体験・個人・共同体．一橋大学研究年報社会学研究, 35, 139-190.

Giegerich, W. (2008): Comment on James Hillman's "Psychology: Monotheistic or Polytheistic?", *Soul-Violence* (Studies in archetypal psychology series; Collected English papers; 3). Spring Journal Books, 339-351.

Hillman, J. (1975): *Re-Visioning Psychology*. Harper & Row.

Hillman, J. (1981): Psychology: Monotheistic or Polytheistic?, Miller, D. L., *The New Polytheism: Rebirth of the Gods and Goddesses*. Spring Publications, 109-142.

Hillman, J. (1983): *Healing Fiction*. Spring Publications, 1994.

Homans, P. (1979): *Jung in Context: Modernity and the Making of a Psychology*. The University of Chicago.

James, W. (1902): *The varieties of religious experience: a study in human nature*. Penguin, 1982.（桝田啓三郎訳（1970）：宗教的経験の諸相 上・下．岩波書店）

James, W. (1907): *Pragmatism: A New Name for Some Old Ways of Thinking*. ARC Manor, 2008.（桝田啓三郎訳（1957）：プラグマティズム．岩波書店）

James, W. (1909): *A Pluralistic Universe*. Harvard University Press, 1977.（吉田夏彦訳（1961）：多元的宇宙．日本教文社）

Jung, C. G. (1912): Versuch einer Darstellung der psychoanalytischen Theorie, *Gesammelte Werke Bd.4*. Walter-Verlag, 1961.

Jung, C. G. (1913): Zur Frage der Psychologischen Typen, *Gesammelte Werke Bd.6*. Walter-Verlag, 1971.（林道義訳（1987）：心理的諸タイプの問題について．タイプ論．みすず書房）

Jung, C. G. (1914): Der Inhalt der Psychose, *Gesammelte Werke Bd.3*. Walter-Verlag, 1960.

Jung, C. G. (1916): Die Struktur des Unbewußten, *Gesammelte Werke Bd.7*. Walter-Verlag, 1971.

Jung, C. G. (1921): Psychologische Typen, *Gesammelte Werke Bd.6*. Walter-Verlag, 1971.（林道義訳（1987）：タイプ論．みすず書房）

Jung, C. G. (1928): Die Beziehungen zwischen dem Ich und dem Unbewußten, *Gesammelte Werke Bd.7*. Walter-Verlag, 1971.

Jung, C. G. (1936): Über den Archetypus mit besonderer Berücksichtigung des Animabegriffes, *Gesammelte Werke Bd. 9/I*. Walter-Verlag, 1976.

Jung, C. G. (1946): Die Psychologie der Übertragung, *Gesammelte Werke Bd.16*. Walter-Verlag, 1979.

Jung, C. G. (1962): *Erinnerungen, Träume, Gedanken*. Walter-Verlag, 1971.（河合隼雄・藤縄昭・出井淑子訳（1972/1973）：ユング自伝――思い出・夢・思想 1・2．みすず書房）

Jung, C. G. (2009): *The red book : Liber novus*. Shamdasani, S. (ed.), W. W. Norton.（河合俊雄監訳（2010）：赤の書．創元社）

河合俊雄（1998）：ユング――魂の現実性．講談社．

Perry, R. B. (1935): *The thought and character of William James : as revealed in unpublished correspondence and notes, together with his published writings*, v1,v2. Little, Brown.

Shamdasani, S. (1995): Memories, Dreams, Omissions, *Spring 57*, 115-137.

Shamdasani, S. (2003): *Jung and the Making of Modern Psychology: The Dream of a Science*. Cambridge University Press.

Taylor, E. (1980): William James and C. G. Jung, *Spring 20*, 157-168.

Taylor, E. (1999): *Shadow Culture: Psychology and Spirituality in America*. Counterpoint.

●要約

　ユング思想における「個性化」という語には、他者から区別された存在として「個別化」していくという「多様性」への過程と、「自己」というこころの全体性へと統合していくという「一者性」への過程という二つの意味がこめられている。本論では、ユング自身がジェイムズから引き継いだと証言する多元論の原理について確認することにより、「個性化」論のとらえ直しを目指した。ジェイムズの『多元的宇宙』に示されたのは、小さく、不完全な個別的な経験のなかに真理を求める態度である。ユング思想のラディカルな継承者であるヒルマンとギーゲリッヒは、従来のユング解釈において忘れられてきた、「個性化」論の多元的側面に注目し、個別性という心理学的な現象それ自体を深めることの必要を説いている。そこにおいて、「個性化」は「多様性」か「統一性」かの二者択一ではなく、両者が次元を違えて同時成立する様態を指すことが示された。

　　　キー・ワード：個性化、多元論、個別性

Individuation and Pluralistic Universe: Reexamination of Jungian Psychology in the light of James' Philosophy

Graduate School of Education, Kyoto University
OGISO, Yuka

　"Individuation" as a Jungian term includes two meanings, the process to the "manyness" by individualizing as a distinguished being on one hand and the one to the "oneness" by uniting into the "Self" as the totality of psyche on the other hand. This paper aims to the reexamination of the thesis of "individuation" through the review of the principle of pluralism, which Jung himself gives evidence that he received from James' philosophy. James' *A Pluralistic Universe* emphasizes the attitude of searching truth in small, imperfect and individual experience. Hillman and Giegerich, the radical successor of Jungian psychology, pay attention to the pluralistic aspect of "individuation" which is often forgotten in the reading of Jung's thesis, and insist on the importance of deepening of psychological phenomena in themselves. Through the consideration, "individuation" is proved that it is not a choice between the "manyness" and the "oneness", but the situation that both stand at the same time.

Key Words: individuation, pluralism, eachness

研究論文

幻獣のアクティブ・イマジネーション

中島 達弘
法政大学沖縄文化研究所

1　方法論としてのバシュラール

　構造主義以降、哲学者 Gaston Bachelard の名は押花の栞のように色褪せて見えるが、Michel Foucault、Louis Althusser、Pierre Bourdieu をはじめ、その後に続く哲学者、物理学者、生物学者、社会学者に Bachelard のエピステモロジーの考え方は広く受け入れられている。実存主義が生きた経験から哲学的思索を導くのに対して、Bachelard は自然と科学の概念形成を問題として取り上げ、その神話学的分析を哲学に強制した。Bachelard が思索した隠喩と科学的概念の関係は、その後 Jacques Derrida（1972/2008）が「白人の神話学」の中で哲学の言語と隠喩的言語を連結する新たな洞察を提議した出発点として再びとり上げている。Derrida は哲学における隠喩の役割に注目し、特に「隠喩を生産する隠喩」の問題を「隠喩による隠喩の脱構築」に発展させている。Bachelard の方法論的試論は概念的思考がその根源を再捕捉することの難しさを表している。Bachelard の夢想の詩学の方法論は哲学的言説に関する広範な含みをもっているので、単純にイメージをイマジネーション豊かに（imaginatively）考えるだけでは必要だが十分条件を満たしていない（Gaudin, 1987）。

　方法論は言説を開始する指針として有効ではあるが、ややもするとドグ

マ的になり、死物と化した方程式がシステムを独裁者のようにフリーズしてしまう。Bachelardにとって想像力（imagination）はこのリスクを回避する方法であった。しかしBachelardは方法の実効性を証明するモデルを提示しないので、想像力は方法論ではなく知的隠喩にすぎないのではないか、と批判を受ける。特にそれは心理療法とは関係のない立場にいたBachelardが精神分析学の用語を使うときに顕著で、Jean-François Lyotard (1970) によれば「言葉遊びあるいは盗用」である。一方で、Michel SerresはBachelardを最後の精神分析家と評価する。Bachelardは分析の成功を個人の精神（psyche）と宇宙の調和的関係と考えていたので、Serres (1984/1985) はBachelardの宇宙論的詩学を「無意識の身体を無意識の自然に置き換えた」心理療法の輪郭を描くものと認めている。Bachelard自身が抱えていた矛盾への評価はさまざまである一方で、老賢人さながらの風貌をもつ師匠（mentor）としての影響力は今でもフランス語圏の若い研究者に受け継がれている。Bachelardは西洋文化の神話学研究に新たなチャプターを開いた。従来の象徴主義的解釈研究は蕩尽され、新たに論理分析の道が明かされ、洗練された構造的方法を文化的要素に応用することができるようになった。Bachelardの夢想（rêverie）の詩学は、精神分析学、特に分析心理学においては「意識の拡大」（秋山, 1980）を促す元型的心理学の方法論ともなった。

2　幻獣のアクティブ・イマジネーション

　Michael Vannoy Adams（2001）は集合無意識を元型的無意識と文化的無意識に分類し、前者を「歴史・文化・人種的差異を越えて一般化されたアーキタイプ的な集合無意識」、後者を「歴史・文化・人種的差異に限定されるステレオタイプ的な集合無意識」と定義している。またThomas SingerとSamuel L. Kimbles（2004）はJoseph Henderson（1984）の「文化レ

ベルにおける精神」を文化的無意識に形成される文化的コンプレックスの概念に発展させている。個人のコンプレックスが、幼児期の両親や家族との関係に大きく影響を受けて個人的無意識から顕われるのに対して、文化のコンプレックスは学校、地域社会、メディアなどの文化的なグループ生活の影響を受けて個人的無意識や元型的無意識とも関わりながら文化的無意識から顕われてくる。文化的記号によるコンプレックスの概念は既に以前からBachelard（1942/2008）によって指摘されていた、

> 私はその用語［文化コンプレックス］を内省的な思考を支配する「無自覚な態度」のまさにその操作を指摘するために使う。想像力の領域では、例えば、それはお気に入りのイメージである。世界のスペクタクルから選り抜いたと信じているが、それは朦朧とした魂の「投影」である。客観的に自身の教養を磨いていると信じ込みながら、身に着けているのは文化コンプレックスなのだ。

Bachelardは文化コンプレックスをNovalis、Ophelia、Swinburneなどの文化的英雄や表象から名を借りて記号化しているが、とりわけLautréamontに関しては「ロートレアモン・コンプレックス」（Bachelard, 1939/1984）と命名し一巻の書物に著している。James Hillmanはここから霊感を受け、「患者不在の精神分析学」（Hillman, 1986）に発展させた。

テキスト研究としての精神分析学はFreudのSchreber, Little Hansからda Vinci, Michelangelo, Shakespeare, Dostoevsky, Goethe, 聖書やジョーク集さらにはJungの *Miller Fantasies* や *Zarathustra* に至るまで決して目新しいものではない。テキストと作者、あるいはテキストと患者の間をまたぐのがコンプレックスであり、構造的な類似性によって結ばれている。Bachelardの焦点となっているのはコンプレックスそのものであり、それを宿している人物ではないことをHillmanは読みとっている。「テキストも著者もBachelardの患者ではない。多くのコンプレックスにまぎれて現象的に姿を現している想像力こそを、もし仮に患者がいるのだとすれば、そう呼ぶことができるだろう」（Hillman, 1986）。「想像力には土着性があり

自生のもの」(Bachelard, 1938/1999) なので精神分析学を含む心理学の決定論から容易に遠ざかる。想像力を人格に還元して、特定の人物の想像力が心理学の要因論によってあらかじめ決定されているかのように説明することはできない。そこで Hillman (1986) は「もし精神分析が人格的な還元であるのなら、真に想像力を精神分析にかけることはできない。しかし Bachelard が名づける夢想の、イメージの、そして想像力が語る言語の隠喩の『精神分析』なら可能だ」と述べている。しかし精神分析の対象となる夢想、イメージ、隠喩は後に言語化される心の中の画像ではない。コンプレックスは本来語られるものであり、語りにおいて姿を現すのだ。

コンプレックスはまたテーマによる分類とも異なる (Hillman, 1986)。イメージ・コンプレックスの複雑性を理性的な言葉の配列に組み替えてしまうことは還元主義であり、そのオリジナリティーを見過ごすこととなる。一方で、想像力それ自体は元型的なので、著作権がついた作品のような完璧なオリジナルではなく、同一性 (identité) が永劫回帰する遍在的な形態であり憂慮でもある。元型がオリジナルであることは言うまでもないが、イメージ・コンプレックスは元型がオリジナリティーを保った元型的イメージの多様なバージョンと考えられる。

想像力とは主体の魂の変容によって開示される「場所」である。それゆえに、患者不在のセラピーとは、この想像力に仕えることであり、Bachelard の造語である「所在分析 (topoanalysis)」となる。「精神分析は所在分析としてしか生起しない。心的なものが立ち上がり消去する、すなわち存在する場がまず第一にある (第二に物があり、第三の様式として親密な自己があるが、いうなればこれは貸し付けである)」と、Edward Casey (1993) は述べている。このような理論に基づく研究方法は、研究資料の観察を通して観察者のフレームとパースペクティブの変容を引き起こす。

動物化する想像力 (animalizing imagination) とは Gilles Deleuze と Félix Guattari (1980/1994) が「動物生成」を言い出すよりも以前に Bachelard が Lautréamont から霊感を受けたときに出た言葉だが、「想像力の根元にあるのは動物化への欲求である。想像力の第一の機能は動物の形態の創造であ

る」（Bachelard, 1939/1984）。これを受けて Hillman（1997）は、「想像力とはそれ自体が卓越した動物だ（……）動物は想像力を呼び覚ます」と述べている。1982年に開かれたエラノス会議の席で Hillman（1982）は動物イメージの他者性を「分析の時間にもっとも喚起したい」と強調して「それに刺激されて想像力がさらに顕れてくる」と言っている。

　夢に顕れた動物を単なる象徴に還元してしまうことに Hillman（1982）は反対し、むしろヴィジョンをその動物に還元することが拡充法となり、他者であるその動物の視点でヴィジョンを見ることになる。「汚泥にまみれた豚を見るときには（……）豚の気持ちになって豚の中に入り込め」（Hillman, 1982）と言っていた Jung の意図に反して、Jung 以降の分析心理学は動物イメージを論理的に抽象化された本能として解釈し還元するようになった。それ以前に、動物はストア主義者にとっては娯楽であり、ローマ人にとっては家財道具、キリスト教徒にとっては食肉、デカルト主義者には産業機械となっていた。この間にプラトン的宇宙論である「魂の中にいる自己」が心理学的な内面化を経て、「魂の私物化」が起きているのである。「心理学的な意味と親近性を保持したまま、そこにいる動物をその他者性において放っておくことはできないものだろうか？」と Hillman（1982）は問いかける。動物の美学的な自己表示（self-display）を始原の本能的な力として見抜くことが Hillman の意図するところである。「動物に戦慄し同時に好奇心をそそられるのは、動物に理性がなく、野卑で原始的だからではない。その美学的自己表示の深さ、荘厳さ、驚異的な幅広さと予測不能性にある」と Alan Bleakley（2000）は表現している。

　琉球・沖縄の神話学では、豚、海蛇、山羊、海亀といった動物は実存的不安を伴う強い情動と強迫観念をもたらし、儀礼や祭祀と親密な関係をもっている。又吉栄喜（1996）の『豚の報い』や目取真俊（1999）の『魂込め（まぶいぐみ）』では祖霊の世（underworld）からのメッセンジャーとして豚やヤシガニが神話形成（mythopoesis）の効果的なモチーフに使われている。

　動物の中でもとりわけ幻獣は動物化する想像力のリビドーとしての意味をもつ。言うなれば神話形成に先立つ前象的な（pre-presentational）始原

の動物イメージである。これから取り上げる三つの幻獣——龍・スフィンクス・フェニックス——は琉球・沖縄のみならず、洋の東西を越えて普遍的な動物イメージでありながら、東洋／西洋また近代以前／以降では異なった意味をもつ文化的サインとしての役目を負わされている。これらの動物の自己表示はリビドー変容の火であり、二項対立の張り詰めた緊張感の狭間で、唸り声、叫び声をあげている。二項対立を構造化する弁証法的否定の反復が差異化ではなく、むしろ否定された同一性の無限の循環であることは既に Deleuze (1968/1992) によって指摘されている。しかし、永劫回帰するイメージの両義的な力として、龍はカオス／コスモス（カオスモス）、フェニックスは死／（再）生、スフィンクスは動物／人間の弁証法的反復の同一性を自己表示しながらも脱構築し差異化する。

　動物化する想像力はそれ自体が既にアクティブなイマジネーションである。Jung と親交の篤かったイスラム学者 Henry Corbin (1998) が能動的想像力を心理療法の技術（τέχνη）としてではなく、スーフィズムの自律的な想像力を意味して使っているのと同じ文脈で、自己組織化する文化コンプレックスをここでは「アクティブ・イマジネーション」と呼ぶ。ここからは、動物化する想像力として幻獣が負わされている文化コンプレックスから問題を決定し、文化的差異を肯定した上で幻獣のイメージ・コンプレックスとその元型的核を開示してゆく。想像力の自律性という意味で、幻獣自らがアクティブ・イマジネーションである。前述したようにコンプレックスはテーマによる分類では捕捉できない。そのため読者は複数の元型的観念の複合による横断的で（transversal）脱中心的な展開に戸惑いを覚えるかもしれない。しかし本論文の主旨は一貫して想像力−コンプレックス（イメージ・コンプレックス）であること、そしてイメージ・コンプレックスの複雑性においては部分を全体から切り離してテーマとして分類することはできないことを想起していただきたい。

(1) 龍／ドラゴン：権力への意志

　およそ龍のイメージほど洋の東西で倫理観がはっきりと分かれる象徴は

ほかにない。欧米人はドラゴンを死と恐怖を招く邪悪な怪物として忌み嫌っている。ドラゴンを退治するものは混沌から秩序を回復する英雄である。Anne Baring と Jule Cashford（1993/2007）はアングロサクソンの叙事詩ベオウルフについて次のように述べている。

> 英雄神話は、ひとつの方法として、天空神文化による大地母神文化の征服という歴史的解釈ができる。しかし神話は当時の精神状況に直接関わる異なったレベルの意味を示唆している。象徴的に、英雄と蛇龍の戦いは人類の意識の力が本能や無意識的な行動パターンに打ち克つことを意味しており、「自然」から離れ、同時に過去からの同じ過ちを疑いもなくくり返してきた部族的で集合的な態度や行動パターンからも訣別する。個人が独自の考えをもって部族的な価値観に逆らい、集合的に反応することを止める必要性を象徴している。

人類の意識の発展を象徴する英雄が男性的な意識的自我を獲得するために自然界の混沌の象徴であるドラゴンを退治しなければならなかった、という Baring らの指摘は正当なものだが、人間中心の英雄的自我の急激な発達によって西洋文明が精神的危機に陥っているのもまた事実である。ドラゴンが斬り倒されると同時に魂もまた大地や自然から切り離されてしまった。

中世の英雄叙事詩に続く近代初期の錬金術におけるドラゴンの殺害は話の結末ではなくむしろプレリュードとなる点で中世の叙事詩や伝説とは異なる、と Judy Allen と Jeanne Griffiths（1979）は指摘している。錬金術におけるドラゴンは金銀財宝を護っており、その宝を手に入れるにはドラゴンを倒す以外に手はない。しかしそこで話は終わらない。英雄伝説のドラゴンが単純に葬られてしまうのに対して、錬金術ではドラゴン殺害後にドラゴンの変容が始まる。歴史的プロジェクトとしての錬金術は、その後に続く近代産業社会の構造を産み出す母胎となった。「魂の自然からの分離は精神分析学誕生以前に近代産業社会に内在する構造である」と David Kidner（2001）は指摘する。産業主義が自然に及ぼす根源的な暴力は「外

にある」自然と「内なる」自然の二つの自然な結びつきをまず最初に引き裂いてしまうことであり、文化の領域を構成する精神性と物質的な世界の間にある共鳴を破壊してしまうことなのだ。「ドラゴンは太陽の象徴（Sol）として死すべきである」とJung（1955/1995）が述べるとき、太陽の象徴とは「自然の光（lumen naturae）」に代わる再帰的な近代自我という「新たな光明（lumen novum）」を指している。Jung（1944/1976）は錬金術イメージのドラゴンについて次のように説明している。イメージの同一性という点では琉球文化に見られるオナリ信仰やパワーストーン崇拝と部分的に重なる点もあるが、象徴が機能している歴史的文化的背景は大きく異なる。

 ドラゴン自体は象徴であり、冥土の原理である大蛇と天空の原理である鳥を合わせた怪物である。Rulandの指摘するようにメルクリウスの亜種であるとは言え、メルクリウスは物質に顕現する神聖な有翼のヘルメスである。啓示の神、思索の神であり、魂を導く最高権威である。液状の金属、「生ける銀（argentum vivum）」すなわち水銀は内面で光輝を放ち命を与えるもの（στιλβων）の性質を完璧に表現した見事な実質である。錬金術師がメルクリウスについて話すとき、表面的には水銀を語っていても、内心では物質に投獄され隠れている世界創造の精霊を意味している。ドラゴンはおそらく錬金術の最も古い図像象徴であることが古文献で確かめられる。一者、全なる者（ἕν τὸ πᾶν）の伝説とともに、10世紀から11世紀にまで遡るマルシアヌス文書では自分の尾に喰い付くウロボロス（οὐροβόρος）の姿で描かれている。幾度となく錬金術師たちは作業（opus）が一から始まり一へと返る、自らの尾に嚙み付くドラゴンのような輪であると強調し続けてきた。この理由により作業はしばしば循環（circulare）や輪（rota）と呼ばれた。メルクリウスは作業の始まりと終わりに位置し、錬金術作業の第一物質（prima materia）であり、鳥の頭（caput corvi）、黒化（nigredo）である。ドラゴンとして自らを貪り、ドラゴンとして死しては宝珠（lapis）となって甦る。孔雀の尾（cadua pavonis）の彩色と戯れ、四元素を分割する。始まりは両性具有だが、古典的な兄妹の二

重性に分裂し、交合（coniunctio）において再結合するのは最後に新たな光明（lumen novum）を放つ輝石の姿で再度出現するためである。金属でありながら液状、物質でありながら精神、寒冷でありながら炎のよう、毒にも一服の薬にもなる、すべての対立物を結ぶ象徴なのだ。

一方の東洋ではヤマタノオロチ退治のような英雄神話もあるが、龍へのアプローチはホリスティックであり、自然との共存・共生の道を探ってきた。ドラゴンがヘルメス・メルクリウスの化身であるように、龍もまた観音菩薩の普門示現であり、三十三観音の一つ、龍頭である。龍は観音の乗り物ではあるが、西洋のように執拗に殺され続けることはなかった。また東洋に限らず古代エジプト、バビロニア、ギリシャ、ローマでも龍は王権の象徴であり神聖だった。古代の王家の紋章は西洋でもイングランドやウェールズの初期の王朝に継承されており、ケルト民族やチュートン人にとっても龍は王権の象徴であった。これらはキリスト教以前の異教文化の残滓である。London では今でも Westminster 自治区の境界を示すワイバーンという龍の彫像が、イギリス経済を警備するかのように金融地区 City の四方を囲っている。古代ギリシャの時代から境域の守護神はヘルメスであり、Jung が指摘するように龍はヘルメス神として金融地区を盗賊から護っているのであろう。

中国でも龍は宝珠の守り神であり、龍の珠は月の満ち欠け、潮の満ち干、雷雨、運命（誕生、死、輪廻転生）を支配する。Francis Huxley（1979/1982）は本能的な龍のイメージを Freud のイドに擬え、宝珠をイドが自己組織化する自律性として Jung の集合無意識に喩えている。宝珠は無意識の自律性であり自己治癒能力である。Freud のイドと Nietzsche の権力意志の間に大きな隔たりはない。Freud は Georg Groddeck（1928）の著作からイドという用語を引用したが、それ以前に既に Nietzsche は『ツァラトゥストラかく語りき』や『善悪の彼岸』においてほぼ同様の意味でイドに言及している。「快楽は獲得したパワーの副産物に過ぎず、不快はそれを乗り越えてさらにパワフルになるための必然性」と説く Nietzsche（1901/1993）は、権力意志が複数の力が衝突する生の複雑性によって脱構築されることを示

唆している。これもまた龍イメージの表象である。「龍に九似あり」と言い、龍は鹿の角、駱駝の頭、鬼の眼、蛇の首、蛟の腹、鯉の鱗、鷹の爪、虎の掌と牛の耳をもつ。中国皇帝の紋章である龍は権力意志の表象以外の何者でもない。世代を超えて永劫回帰する力の流れは恒久的に不死なのだ。

龍は混沌から秩序が顕れ再び混沌へ返る自律性のイメージであり、その象徴の意味するものはイメージの自律性である。サンスクリットの龍神ナーガの神話では、創造主が龍の体内に四方と上下を定め都を建設した後に龍は城外に追いやられ都を護衛する役に回される。これはまさに自律性をもつ集合無意識が自己組織化する神話であり、イメージを産む想像力として龍の姿に変貌した文化コンプレックスを表現している。集合無意識の自律性を Michael Conforti（1999）は「元型的な場」と呼び、「元型的な場は形態を発生させ維持するに足る必要な情報を備え、情報を物質に変換する」と、情報理論の用語を駆使して説明している。

五行思想では青龍、朱雀、白虎、玄武は瑞獣として知られ、中央の黄龍または麒麟が東西南北の四方を治める。風水や東洋占星術とも関わり、西洋占星術の黄道十二宮と並び、イメージを創造する文化コンプレックスとして動物化する想像力の一例である。龍宮の方向に向けて石碑を建てたり、海辺の珊瑚岩に小さな祠を設けたりしている沖縄では、龍宮は祖霊の還る海の彼方の楽園ニライを意味し、集合無意識の「想像力の世界（mundus imaginalis）」を神話的に表現している。

龍へのアプローチは東西で大きな隔たりがあるが、龍に対する東西の価値観・倫理観は相補的になりつつある。ポスト産業社会におけるエコロジー思想では自然から分離した近代自我を再度自然へ還そうと試みる。たとえば、Fritjof Capra（2002）は生物学者 Brian Goodwin と数学者 Ian Stewart の非線形動力学で生物の形態発生を解く試みや生態系の復元に基づく農薬を使わない農法「パーマカルチャー」を例に挙げて、動植物や微生物から繊維やプラスチック、薬品の製造を学び直しエコロジーの知識を製品のデザインや科学技術に取り入れることを提唱している。

(2) 火の鳥／フェニックス：元型的再バージョン化

　錬金術ではドラゴンがサタンとのアナロジーからメルクリウスの最低の姿であるのに対して、フェニックスは復活するキリストとのアナロジーから最高位である。近代を導くプレリュードとなったルネサンス期には「復活」の鳥は特にポピュラーなエンブレムであった。Jeanne d'Arc の記章には燃える炎から蘇るフェニックスが描かれており、スコットランド女王 Mary Stuart は母の押印であるフェニックスを使っていた。Queen Elizabeth I は勲章や記念品にフェニックスを使った。歴史性の問題として、自然を超越するイメージの自律性を表す錬金術のフェニックスが近代性のエンブレムである一方で、自己生成する自然の絶対的内在性としての鳳凰は近代社会が見失った世界の魂（anima mundi）の象徴である。沖縄の久高島の女性シャーマン（久高ノロ）の扇には表に鳳凰と太陽が、裏に牡丹と月が描かれている。久高島では鳳凰をビンヌスイと言い、『おもろさうし』で詠われるヘニノトリが訛ったものであるらしい。また首里、那覇方言でフエヌトゥイ（fujenu-tuji）と言っていた。語源的にヘニノトリのヘニがフェニックスのフェニ（phoeni）から来たのか、またビンヌスイのビンヌが古代エジプトの不死鳥ベンヌ鳥のベンヌ（bennu）から来たのか、私は知らない。インドやペルシャを通じて東西の交易があったとしても、西洋のフェニックスと東洋の鳳凰の間には直接の地理的歴史的連続性がないようなので、「火の鳥」が転訛したと推測するのが妥当だろう。

　五行思想の瑞鳥である朱雀と同一視される鳳凰は五色絢爛、五音を発し、瑞兆として聖天子の出現を告げるという。南方を守護する朱雀は火の属性をもち、そのため燃え尽きても灰から蘇る「火の鳥」フェニックスと同一視される。鳳はオス、凰はメスで一対で陰陽の太極を示すとされ、太陽と月によっても象徴される。太極の陰の象徴として、琉球王朝のノロや日本・中国皇后の紋章であり、美・品位・平和を表し、国王や皇帝の紋章である陽の龍と対を成す。陰陽の調和を示す婚礼の象徴である。麟、鹿、蛇、亀、燕、鶏などのキメラとしての容姿は動物化する想像力の複雑性を表しており、それ自体が自己生成する力動である。錬金術でもフェニックスは、

世界の魂が閉じ込められている始原の混沌を表す宇宙の卵から自己生成する自由解放の精神として孵化する。その意味においては、自然に囚われたグノーシス主義の原人アントローポスと同一である。不死鳥の飛翔は二項対立の合一が分離し、超越機能として再結合する元型的再バージョン化（archetypal reversion）の運動、すなわちタオなのだ。

　元型的再バージョン化とは、アラビア語の ta'wil，フランス語の epistrophé と同様の意味で Hillman が使う用語で、差異化を導くために解釈を一度元型へ戻して、元型的核の本質を開示する方法論である。コーランを解釈するごとに元型へ還り、以前の解釈を脱構築するイスラム教の ta'wil と同様の回帰的方法論による解釈学である。

　火の鳥のイコノロジーには古今東西を問わず一貫性と同一性を確認できる。ストラビンスキーのバレーで有名なロシアの伝説の火の鳥、古代エジプトやギリシャに起源をもつラテンのフェニックス、アラビアのルクとアンカ、ペルシャのシームルグ、インドのガルーダ、そして鳳凰、地理歴史的な連続性はなくとも「大昔に同じ黎明の巣で孵化したかえり雛であり、有史以前の神話の薔薇色の雲間をくぐり抜け、今も飛び続ける」（Ingersoll, 1923）。火の鳥は永劫に続く日月の更新、死後も持続する不死の魂の象徴である。

　西洋に最初にフェニックスの伝説を伝えたのは紀元前 8 世紀の Hesiod とされるが、詳細は紀元前 5 世紀に Herodotus が『歴史』の中で加えた。その中で Herodotus はフェニックスをアラビア起源としているが、エジプト学者 Wallis Budge（1904）は「ギリシャ・ローマ人に誤った知識を植え付けた」と批判している。エジプトの Heliopolis で祀られているフェニックスはアラビア起源ではなくエジプトのベンヌ鳥のことで、毎朝太陽はベンヌ鳥の姿で再生したという。ベンヌ鳥は太陽神ラーの魂であり、オシリスの生ける象徴であった。エジプトの『死者の書』（Budge, 1899）では死者の魂がベンヌ鳥に変容する様子が描写されている。

　　我は形無きものより出なり。ケペラ神（甲虫スカラブの頭部をもつ神で太陽の運行、創造と再生を司る）のごとく現れるなり。種子の発芽

するごとく成長し、亀のように衣を纏うなり。銘々の神の胚種なり。我は昨日の四方（生前生きていたこの世界での四方位）、アメンテット（死者の女神。死者の赴くナイル西岸アメンティの人格化でもあり、再生の過程を司る女神でもある）のように現れるあの七匹のウラエイ聖蛇、すなわち御神体の神々しく輝くホルスなり。白日の下に現れ、神々の足跡を辿る。我はケンス（月の神）、逆らう者は容赦しない。

ここでフェニックスはリビドーの流れであり、次から次に絶え間なく姿形を変えている。「フェニックスのイメージは本質的に動詞化したイメージであり、メタファーの多様性を引き起こすイメージである」とBachelard (1990) は述べている。火の鳥は実体のあるイメージではなく、動的なイメージであり、火の元素ではなく、スピードのイメージ、炎の閃きである。久高島の祭祀イザイホーの取りを飾るノロの扇に描かれた鳳凰も単なる吉兆や調和の記号ではない。二項対立の緊張関係になる以前の始原の合一状態へと一度返り、自然に内在しながら自然によって世界を再創造する元型的再バージョン化の運動を表す世界の魂を象徴しているのだ。

(3) 獅子／スフィンクス：バウンダリー設定

沖縄の魔除け獅子シーサーは、15世紀頃に中国から琉球王朝に伝わり、浦添や首里で王家の墳墓や宮廷の門、神宮を守護する権威の象徴（宮獅子）として造られた。18世紀になると集落の境域を示す魔除けとなる（村落獅子）。民家の玄関や屋根に置かれるようになったのはつい最近のことである。中国の獅子（shinha）の語源は古代ペルシャ・サンスクリット語のsiha あるいはsimha にまで遡り、派生語としてタイのshinga、パキスタン・アフガニスタンのshi、インドのsher が挙げられる。古代において獅子の生息する北限は近東、ペルシャがその最東端であった。ペルシャから獅子の見本が漢の皇帝に贈られたのが紀元前3世紀とされている。メソポタミアの獅子はバビロニアの神マルドゥクやイナンナと関連し、死者の通る冥土の関所の守衛である。エジプトのスフィンクスの影響を受け紀元前

1600年頃からバビロニアの神話や芸術に現れ始め、ヒッタイトの岩に刻まれた。エジプトの男性のスフィンクスはメソポタミアで有翼と無翼の雌雄一対となった。エジプトでもスフィンクスがこの世と冥土の境界の守護神であったことに変わりはない。Frank Scafella（1988）によると、ギリシャのスフィンクスも含め獅子の起源はこのエジプトのスフィンクスである。

　沖縄のシーサーが魔除けであるのに対して、ギリシャのスフィンクスはそれ自体が避けては通れぬ魔物、ダイモンである。シーサーがダイモンの悪魔的な部分を祓う守護神の役割を担うのに対して、スフィンクスとの遭遇は魂の暗部との直面であり、自己探求の入り口となる。東洋の魔除け獅子が現世と冥土の境域で先祖の魂を鎮め、コミュニティーや家庭に肯定的な守護神（affirmation）であるのに対して、錬金術表象にも頻繁に現れる西洋のスフィンクスはコミュニティーや家庭、なによりも個人の自我を抹殺し否定する魔（negation）のエニグマである。いずれにせよ「越境は魔が差しやすい」という点で共通する記号的価値をもつ。

　ギリシャの怪物スフィンクスは、獅子の肢体、鷲の翼、蛇の尾に美しい女性の顔と胴を合わせたキメラである。エディプス・コンプレックスで有名なエディプス神話の中核であり、動物化する想像力とその複雑性のディスプレイである。Hesiodの『神統記』にも登場し、Thebesの都の境域を通る旅人に謎をかけ、一人としてこれを解くものはおらず皆食い殺されてしまう。謎は境界線、バウンダリー設定についての問いである。「一つの声をもち、二本、時に三本、四本の足で歩き、自然の法則に逆らい四つ足の時に最も弱っているこの生き物は何か？……人間」、あるいは「二人の姉妹がいる。一方は片方を産み、お返しに片方はまた一方を産む？……昼と夜」というなぞなぞである。一方の謎は人間／動物の境界についての問いであり、もう一方は持続性／断続性の境界についてである。

　エディプスの謎解きとスフィンクス退治の英雄行為、それに続く近親相姦と父親殺しの悲劇は、Freudがエディプス・コンプレックスの着想を得た神話であることは言うまでもないが、Sophoclesの『エディプス王』以来、エディプス神話は西洋文化の主題となり、数々の著作家、詩人、哲学者、芸術家、作曲家、映像作家らを虜にしてきた。Sir Francis Bacon:

The Wisdom of the Ancients（1609），Melville: *Moby Dick*（1851），H. G. Wells: *The Time Machine*（1895），Ralph Waldo Emerson: "The Sphinx"（1841），Edgar Alan Poe: "The Sphinx"（1850），Oscar Wilde: "The Sphinx"（1894），J. A. D. Ingres: *The Sphinx*（1808），Gustave Moreau: *The Sphinx*（1864），Friedrich Hegel: *Philosophy of History*（1837），Hugo von Hofmannsthal: *Oidipus und die Sphinx*（1906），Jean Cocteau: *La Machine Infernale*（1934），Andre Gide: *Oedipe*（1931），William Butler Yates: "The Second Coming"（1920），Stravinsky: *Oedipus Rex*（1927），Piero Paolo Pasolini: *Edipo Re*（1967）など数多い。エディプス・コンプレックス自体が一つの文化コンプレックスであることは言うまでもないが、しかし、スフィンクスはエディプス神話の中核であるにもかかわらず、西洋文化は謎解きエディプスの英雄行為にばかり重点を置いてきた。「謎解き－近親相姦－父親殺しが神秘的な三角形を結んでいる」と最初に指摘したのは Nietzsche（1872/1966）だが、この考えはその後さらに Freud と Lévi-Strauss に受け継がれてゆく。しかし Jung や Hillman が指摘するように、スフィンクスこそが問題の核心であり、謎（ainigma）なのだ。「スフィンクスは貴石に刻まれる紋章、石柱に鎮座する姿を仰ぎ見るものである。崖淵から谷底に突き落とすものではない」と Hillman（1991/1997）は言う。

　スフィンクスは人間／動物の境界上で異種交配の姿をディスプレイする。この異種交配について Hegel は「動物の身体から突出する人間の頭は、自然に拘束されながらも立ち上がろうとする精神を表している」（Scafella, 1988）と解釈している。この精神／自然メタファーを Freud は心理学的に自我／イドに置き換えたが、Freud のエディプス・コンプレックスとはまったく異なった視点でエディプス神話を分析したのは Lévi-Strauss である。神話プロットの通時的なシーケンスは、スフィンクスによって示される自発性を二項構造に分化してゆく。大地が産み出したスフィンクスを殺める行為は、人間性の自発性を否定する。ここで Lévi-Strauss（1958/1972）は一元的な「自発性」と二項構造の対立を強調するのだが、そもそもが非二項構造である「自発性」を無理矢理に二項構造に当てはめていることに気付いていない。自発性を自己生成の過程と換言してもよいと思うのだが、いまだ秩序が顕現していない自己生成の「過程」を身元確認し分類できるの

か？　スフィンクスは二極性の一方の極に立つのではない。境界に立ちはだかり、二項を分かつスラッシュそのものなのだ。スフィンクスはバウンダリー設定のための有機的な変容の過程を表しており、二項構造のエッジで人間／動物の属性をフィルターにかけるスラッシュである。人間と動物の間には断続性だけではなく、潜在的な持続性もあり、Lévi-Strauss のようにクリアーに二元化はできない。

　モダニズムを特徴付けるのはハイブリッドに対する不寛容の精神であり、現実には複雑なハイブリッドとして経験される現象との間に対立主義と厳格な分類によって概念的な境界線を維持する。しかしポスト構造主義者である Bruno Latour は、Lévi-Strauss の構造主義のようなモダニズムを「ボーダーライン、曖昧さ、逆説、移行状態回避の視点」（Bleakley, 2000）として批判する。

　スフィンクスはトーテミズムの神話的表現だが、そもそもトーテムには人間／動物のボーダーラインから立ち上がってくる始原の情動がある。不気味でありまたユーモラスでもある、この始原の情動こそがスフィンクス／シーサーの表す動物化する想像力である。

3　結び

　「否定さらに否定の否定ではなく、問題を決定し差異を肯定するからこそ歴史は前進する」と Deleuze（1968/1992）が哲学キャリアの第一声を上げたのは今からもう40年以上も前になる。そのときには既に Bachelard の夢想の詩学はフランス文化理論を担う次の世代に場を奪われていたと言っても過言ではないが、「本当の反復は想像力において生起する」と Deleuze（1968/1992）が述べるように、方法論としての想像力はその後も衰えることなく、Hillman や Casey、David Miller らによる元型的心理学を介して分析心理学にも飛び火した。

文化コンプレックスはイメージ・コンプレックスの場であり、想像力の所在分析は「患者不在の精神分析」ではあるが、単純に精神分析学的なテキスト研究と考えるわけにはいかない。批評文学とは異なり、分析の対象となるのは作者でもテキストでもなく、その中間領域である文化コンプレックスであり、精神の詩的根拠（poetic basis of mind）となる隠喩の論理と構造なのである。

文　献

Adams, M. V. (2001): *The Mythological Unconscious*. Karnac Books, 52.
秋山さと子（1980）：聖なる男女――深層への旅．青土社．139．
Allen, J. & Griffiths, J. (1979): *The Book of the Dragon*. Orbis, 72.
Bachelard, G. (1938): *La Psychanalyse du feu*. Gallimard.（前田耕作訳（1999）：火の精神分析．せりか書房）
Bachelard, G. (1939): *Lautréamont*. José Corti.（平井照敏訳（1984）：ロートレアモン．思潮社）
Bachelard, G. (1942): *L'Eau et les rêves. Essai sur l'imagination de la matière*. José Corti, 25-26.（及川馥訳（2008）：水と夢――物質的想像力試論．法政大学出版局）
Bachelard, G. (1990): "The Phoenix, A Linguistic Phenomenon: From *Fragments of a Poetics of Fire*," *Sphinx 3*, 83.
Baring, A. & Cashford, J. (1993): *The Myth of the Goddess: Evolution of an Image*. Penguin, 294.（森雅子ら訳（2007）：図説世界女神大全．原書房）
Bleakley, A. (2000): *The Animalizing Imagination: Totemism, Textuality and Ecocriticism*. Macmillan Press, 35, 29.
Budge, E. A. W. (1899/1989): *The Book of the Dead*. Penguin, 268-269.
Budge, E. A. W. (1904/1969): *The Gods of the Egyptians; or Studies in Egyptian Mythology*, vol. 2. Dover, 96-97.
Capra, F. (2002): *The Hidden Connections: A Science for Sustainable Living*. Random House, 202-203.
Casey, E. S. (1993): "Anima Loci," *Sphinx 5*, 122-131.
Conforti, M. (1999): *Field, Form, and Fate: Patterns in Mind, Nature, and Psyche*. Spring Publications, 58.
Corbin, H. (1998): *The Voyage and the Messenger: Iran and Philosophy*. North Atlantic Books, 124-125.
Deleuze, G. (1968): *Différence et Répétition*. Presses Universitaires de France.（財津理訳（1992）：差異と反復．河出書房新社）

Deleuze, G. & Guattari, F. (1980): *Mille Plateaux: Capitalisme et Schizophrénie.* Minuit.（宇野邦一ら訳（1994）：千のプラトー──資本主義と分裂症．河出書房新社）

Derrida, J. (1972): "La mythologie blanche," *Marges de la philosophie.* Minuit, 247-324.（藤本一勇訳（2008）：哲学の余白（下）．法政大学出版局）

Gaudin, C. (1987): Gaston Bachelard, *On Poetic Imagination and Reverie.* Spring Publication, xxii.

Groddeck, G. (1928): *The Book of the Id.* Nervous and Mental Disease Publishing Co.

Henderson, J. (1984): *Cultural Attitudes in Psychological Perspective.* Inner City Books.

Hillman, J. (1982): "The Animal Kingdom in the Human Dream," *Eranos Jahrbuch 51*, 279-334.

Hillman, J. (1986): "Bachelard's *Lautréamont*, Or, Psychoanalysis without a Patient," *Lautréamont.* The Dallas Institute Publications, 103-123.

Hillman, J. (1991): "Oedipus Revisited," *Oedipus Variations: Studies in Literature and Psychoanalysis.* Spring Publications, 121.（中島達弘訳（1997）：エディプス変奏曲．ユリイカ, 29 (2), 192-207．青土社）

Hillman, J. & McLean, M. (1997): *Dream Animals.* Chronicle Books, 2.

Huxley, F. (1979): *The Dragon: Nature of Spirit, Spirit of Nature.* Thames and Hudson, 66.（中野美代子訳（1982）：龍とドラゴン──幻獣の図像学．平凡社）

Ingersoll, E. (1923/1968): *Birds in Legend, Fable and Folklore.* Singing Tree Press, 202.

Jung, C. G. (1944/1968): "Psychology and Alchemy," *The Collected Works of C. G. Jung*, vol.12. Routledge & Kegan Paul, par. 404.（池田紘一・鎌田道生訳（1976）：心理学と錬金術 II．人文書院）

Jung, C. G. (1955/1970): "Mysterium Coniunctionis: An Inquiry into the Separation and Synthesis of Psychic Opposites in Alchemy," *The Collected Works of C. G. Jung*, vol.14. Routledge & Kegan Paul, par. 169.（池田紘一訳（1995）：結合の神秘 I．人文書院）

Kidner, D. W. (2001): *Nature and Psyche: Radical Environmentalism and the Politics of Subjectivity.* SUNY Press, 16.

Lévi-Strauss, C. (1958/1963): *Structural Anthropology.* Basic Books, 215, 230.（荒川幾男ら訳（1972）：構造人類学．みすず書房）

Lyotard, J-F. (1970): "L'Eau prend le ciel: proposition de collage pour figurer le dèsir bachelardien," *L'Arc 42*, 49.

又吉栄喜（1996）：豚の報い．文藝春秋社．

目取真俊（1999）：魂込め（まぶいぐみ）．朝日新聞社．

Nietzsche, F. (1872/1992): "The Birth of Tragedy," *Basic Writings of Nietzsche.* Random House.（秋山英夫訳（1966）：悲劇の誕生．岩波書店）

Nietzsche, F. (1901/1968): *The Will to Power.* Vintage Books, 373.（原佑訳（1993）：権力への意志．筑摩書房）

Scafella, F. A. (1988): "The Sphinx," *Mythical and Fabulous Creatures: A Source Book and Research Guide.* South, M. (ed.), Peter Bedrick Books, 179, 185.

Serres, M. (1984) *Hermès 1: La communication.* Minuit, 26.（豊田彰・青木研二訳（1985）：コミュニケーション．法政大学出版局）

Singer, T. & Kimbles, S. L. (2004): "Introduction," *The Cultural Complex: Contemporary Jungian Perspectives on Psyche and Society.* Brunner-Routledge, 4-6.

● 要約

　文化的記号によるコンプレックスを「文化コンプレックス」の概念として導入したのは Gaston Bachelard である。James Hillman は「ロートレアモン・コンプレックス」から霊感を受け、「患者不在の精神分析学」に発展させた。テキストと作者、あるいはテキストと患者の間をまたぐのがコンプレックスであり、構造的な類似性によって結ばれている。Bachelard の分析にもし仮に患者がいるのだとすれば、それは想像力であろう。想像力は「所在分析」（Bachelard の造語）によって開示される場である。心的なものが立ち上がり消去する、すなわち存在する場がある。Bachelard は Lautréamont から霊感を受け、「想像力の根元にあるのは動物化への欲求である。想像力の第一の機能は動物の形態の創造である」と明言する。動物の中でもとりわけ幻獣は自己組織化する想像力の即時性に立ち会う。フェニックスは死／（再）生、スフィンクスは動物／人間、龍はカオス／コスモス－カオスモスが神話の意味となる。これらの動物の自己表示は二項対立するリビドーの変容である。

　　キー・ワード：ガストン・バシュラール、ジェームズ・ヒルマン、文化コンプレックス

Fabulous Creatures of Active Imagination

Hosei University Institute for Okinawan Studies
NAKAJIMA, Tatsuhiro

　Gaston Bachelard identifies complexes by cultural signs, and introduces the notion of *"culture complexes."* Inspired by Bachelard's *Lautréamont complex*, James Hillman propounds "psychoanalysis without a patient." Between text and writer, or text and patient, lies the complex, a likeness of structure that connects. If we call anything in Bachelardian analyses the patient, it is Imagination. Imagination is the place to be disclosed by *topoanalysis* (in Bachelard's term). The psychic exists —it arises and vanishes—in place. Bachelard, inspired by Lautréamont, articulates the animalizing imagination: "A need to animalize [. . .] is at the origins of imagination. The first function of imagination is to create animal forms." Among many animals, mythic animals witness the immediacy of the autopoiesis of the imagination. The mythic meaning of the phoenix is death/(re)birth, the sphinx is animal/human, and the dragon is chaos/cosmos—*chaosmosis*. The self-display of these animals is a transformational libido of binary opposition.

Key Words: Gaston Bachelard, James Hillman, culture complex

研究論文

出会いと別れの接点
末期がん患者との面接過程

西 牧 万 佐 子
あざみ野メンタルクリニック

1　はじめに

　ある末期がん患者との面接をとりあげる。クライエントの命が失われていく、という言葉に尽くしがたい重みは、悲しみや無力感などに満ちたものであったが、いっそうの深みにおいては、個人的な感情を超えて、セラピストを、そして面接全体を動かし、私たちに命や死ということの意味について考える機会を与えたように思われる。
　がん医療やターミナルケア、また、広く心理臨床の場において、死と向き合わざるをえないクライエントを、どう理解し、いかに寄りそうことができるか。Ellenberger（1970/1980）は、力動精神療法の遠祖にシャーマニズムを位置付けている。シャーマンは、通過儀礼（イニシエーション）において、属性が曖昧できわめて両義的な、リミナリティ（境界性）を帯びた存在となり（Turner, 1969/1996）、死と再生の体験を経て能力を獲得する。彼らはその肉体から霊魂を離脱させて天界や地下界に病人の魂を探しに行くのだが、死者を伴って冥界へ行き、その魂を新たな住居へと導きもするのである（Eliade, 1968/2004）。心理臨床にとって"死"は深く関わらねばならないテーマであり、またそれは、たとえばチベットに伝わるボン教の"死の教え"には、「地球以外の十三の銀河宇宙ですでに説かれていた」とい

う伝承がある（中沢, 1996）ことが示すように、限りない問いかけを必要とする課題であると言えるだろう。

また、シャーマニズムの場合も、"バルド・トドゥル"の教え（中沢, 1996）でも、日本の"魂呼ばい"（新谷ら編, 2005）などにおいても、シャーマンや老僧ら、生きた人間が積極的に死後の世界に働きかけ、関わりをもとうとする特徴があると思われる。その働きかけがあればこそ、それは生者の夢や思いこみのようなものかもしれないが、なんらかの形で、死者からの答えが返って来る。そこに、生死を超えた豊かな交流が生まれてくるのであろう。

クライエントが末期がんであるところから始まった本事例では、クライエントの最期の日々に寄りそうために、セラピストである筆者自身が、クライエントのおかれた"生と死の狭間"のような世界へと"イニシエート"される必要があったように思われる。しかし、それがどこまで果たされたかについては判断できない。筆者はまた、面接の中で展開したと思われるクライエントとの関係において、"出会いと別れ"のような、相反する二つの動きが同時に存在することに注目した。考察では、セラピストの変化と面接経過との関係、そして"出会いと別れの同時性"という二つの視点からこの事例の意味を考えてみたい。

2　事例の概要と面接経過

クライエント：Aさん（73歳の主婦）
　　　　家族：夫は数年前に病死。Aさんは、一人息子とその妻、幼い2人の孫と同居中。

X年初夏、Aさんは体調を崩して検査を受けたところ、内臓にがんが見つかり、直ちに摘出手術を受けた。術後の経過は良好だったが、看護師より、Aさんには病気と老いの受け入れの大変さがあるよう、また「あんな

体で家に帰れるの？」という、スタッフの心ない言葉を耳にして傷ついているとのことで、この病院に勤務する筆者（以下 Th. と表記）に面接依頼があった。

　面接は、ベッドサイドに Th. が訪問する形で、退院していた約1年の中断をはさみ、全20回おこなわれた。家族は仕事の関係で、日中に付き添うことはほとんどなかった。

第Ⅰ期　♯1〜♯5　（X年7月〜9月）　手術後、一般病棟にて

(「　」はAさん、【　】は Th. の言葉)

　Aさんは人懐こい感じの女性。体は辛そうだが、不満を友人にぶつけるような率直さで、スタッフの心ない言葉にいかに傷ついたかを訴えた。生命力や温かみを感じさせる語りだった。「今まで元気だったのに、こんな病気になるなんてね。」ひとしきり話すと、どこか落ち着いた様子になった。以後 Th. は、ほぼ週1回、同じ時間帯に訪室した。スタッフへの不満が語られることはなくなり、穏やかな表情で過ごす時間も増え、お盆に外泊許可が出た時は、二人で喜びあった。

　面接開始から約2か月後に退院が決定した。Aさんは「ようやく家に戻れる」と安堵の雰囲気に包まれていた。しかし、話には出ないものの、多くの不安を抱えての退院であろうと思われた。

　その後約1年間、Aさんは外来で抗がん剤治療を受け続けたが、X＋1年8月、容態が急変し緊急入院となった。呼びかけに返事はするものの、意識は朦朧状態であった。一旦小康を取り戻したが、再び重い意識障害に陥り、眼球も動かない状態が2日間続いた。Th. は、Aさんが再び意識を回復した頃に訪室した。

第Ⅱ期　♯6〜♯8　（X＋1年8月）　再入院した一般病棟にて

　[♯6] Aさんは、ベッドに沈み込むように細い体を横たえていた。焦点の定まらない目には半透明の膜がかかっている。初めは声も出ないよう

だったが「また会えて嬉しい。頑張りすぎてね。突然気を失って2日間眠っていたの。瞳孔が開いてね。脳に血が行かなかったら死んでしまっていたの」と、自分からぽつりぽつりと話される。涙の下から驚くほどキラキラした目が顔を出す。「生きていてよかった。先生には会いたかったから。今日はよく眠れるわ。先生は病気になんかならないでね。」退室するTh.にもう一度、少し大きな声で「気をつけてねー」と呼びかけてこられた。

面接後Th.は、大変な危機の直後で会話も難しいと思われたAさんが、面接の中で目に光を取り戻し、少しずつ元のAさんらしい様子になって話をされたこと、そして、Aさんが意識を回復しなければ再会が果たせなかったという事実に、強く打たれた。医学的には終末期にあることが確かであっても、Aさんの生きたいという思いをどれほど切実に受けとり、奇跡が起きてでも絶対に治ってほしいとどこまで真剣に思えていたか、病気や死を受容するという面にばかり意識が向き過ぎてはいなかったか、今まで一体何をしてきたのか、自問せずにいられなかった。

［♯7〜♯8］「よく眠れた。ご飯もよく食べられてよかった。夕べはおなかが痛くて、爆発したんじゃないかと思うぐらい苦しかった。さっき、あそこの人亡くなったね。」その後、両親や兄弟が亡くなった話になり、Th.の手を握る。「涙が出ちゃう。みんな優しくて。冷たくしてくれたらいいのに。心が残っちゃう。今度、緩和病棟に行くことになったの。また来てね。待ってるから。夕べは、隣の部屋で、トントントントン夜中にずっと工事してたね。2日間目を覚まさなかった時に死んでいたかもしれない。……栄養つけて、歩けるようになってみせる。この間まで自転車に乗っていたんだもの。からだ壊さないでね。ありがたいです。」

緩和病棟に移るということは、積極的な治療をAさんが断念したことを意味する。その日の深夜に、Aさんは隣の部屋の工事音を聞いた。Aさんの為のもう一つの部屋がすぐ隣に準備されているということなのか、とTh.は胸騒ぎがした。Aさんの回復への願いが実現することを祈った。

> 第Ⅲ期　♯9〜♯20　（X＋1年9月〜10月）　緩和病棟の個室にて

（Th. は週2回訪問）

　［♯9］緩和病棟独特の穏やかでずっしりとした雰囲気。Aさんから差し出された手を握る。手首に数珠が見える。「会いたかったわ。この間の音楽療法には気持ち悪くて出られなかったの。音楽が聴きたかった。ずっと会っていた人と会いたいわ。」この日は、故郷から姉が見舞いに来る予定とのこと。Th. も訪れたことのある、Aさんの故郷の穏やかな夕焼けの話になった。Aさんは、しばらくじっと何かを思い出しているようであった。

　［♯10］体の向きを変えるため、Th. は看護師と、タオルごとAさんの身体を持ちあげた。重すぎるような軽すぎるような感触。手はとても冷たく、一向に温かくならない。「ここの天井、色がさびしいね。壁も。」Th. が好きな色を尋ねると、「黄色が好き。ピンクも、うす紫も。」Aさんは病院食への不満をひょうきんに語り、二人で笑う。一人息子の話題になる。「もう前に財産分けしてあるから心配ない。子どもは自由奔放に育てたの。優しい子でね。それに気がついていたから幸せだったわ。その挙句に病気だもの。……でも、それももういい。もう全部やってあるから……。」

　声は聞き取れないほどか細い。Th. は疲れすぎないか心配になる。手を握ってじっとしていると、Th. の掌が脈うつのが感じられ、次第にそれは自分の脈なのかAさんの脈なのかわからなくなる。Th. は面接後に、突然殴られて気絶するような、激しい眠気と疲労に襲われるようになっていた。

　［♯11］Aさんは眠りながら、時折うす目を開け、何か言葉のような声を発している。意味はわからないが、一つの思いが出るということは、あらゆる思いが半覚醒の意識にのぼってくる可能性があるということだ。起きている時より、より自由な思いかもしれない。意味のない語りと決めつけてしまうと何も起こっていないことになる。Th. の姿勢次第か、と思う。Aさんが少しだけ目をあける。何か言葉らしいものが、前よりももう少し悲しそうに語られ、片方の目から涙が流れた。Th. はAさんの手に触

れる。空調の音が響いている。窓の外の整えられた庭では巨大なススキが風に大きくあおられている。Aさんは時々、左手の人差し指を立てて宙を指す。その指を左目にあてる。Aさんを包み込むベッドは、温かで柔らかい地面を思わせる。ふいにAさんの指が面白い形になって、宙の何かを指した。Th. は、自分がそれを"面白い"と感じたことに触発され、もしかするとAさんの中には、何か面白いことや楽しいことも浮かんでいるかもしれないと考えた。はっきりとした言葉を聞く時は、その共有できる内容が意味をなすが、「うー、あー、なんでー」というつぶやきのような、輪郭の半分開いた言葉には、こちらの想像力をより自由にしてくれる何かがある。悲しみだけに縛られずに、Aさんの思いを聞くことができそうに思う。これは心理療法なのだろうか、と思う。

［♯12］静かに眠っている。少し目を開けて Th. を認めた後、再び眠りにつかれた。手首には数珠。Th. は静かな病室がAさんの好きな色で満たされる所を想像する。その後改めて訪室した時は、会話ができた。発話ははっきりしないが、話のよくわかる部分もあり、眠りと覚醒の間をぼんやりと体験している自覚もあるよう。涙を流される。「優しくしてもらえて……。朝ね、そこに太っためがねの男の人がいたのよ。知らない人。優しそうだった。その人はいつも、これからどこかに行かなくちゃと帰って行く。動けさえすればいいのに。足が立たなくてトイレにもいけない。」肩をさすると嬉しそうな表情になる。挨拶をする Th. に少し大きな声で「また待ってるから！」と声をかける。

［♯13］初めは少しぼんやりされていたが、次第に顔つきも言葉もはっきりしてくる。「昨日はお墓参りに行ってね。ご先祖様に怒られちゃうから。時々妄想みたいなことがあってね。自分でもこれは違うとわかるの。変ね、今ははっきりしている。夢もみるのよ。」

夢：女の赤ちゃんがいるの。生まれたのね。でも、生まれてないね。だって声が、泣き声がしないんだもの。ひ孫というのはわかる。お父さんとお母さんがお見合いをしたから生まれるのは当然なんだけどね。ここに看板がある（指で宙に長方形を描く）。そこに、こっち

は○市、こっちは△市と書いてあるの。そこにあるでしょ？

【女の赤ちゃんですか？】「そう女の子。ひ孫。……人には何か欠けたところがあるのよ。でもそこを縛っておかないと、幸せはそこから逃げてしまう。苦労したもの。やっとわかったわ。大変だけどね。幸せは自分で思うもの。口に出すものじゃない。先生と会うと幸せな気持ちになるわ。私なんて歌も歌えなかったのが、歌えるようになったんだもん。60過ぎてからカラオケの友達ができて、楽しいのよ。それまでは家のことばっかりだったけど。……そうね。これ以上は必要ない。それで十分良かった。また来てね。」

［＃14］「がんと言われた時はどんなに……。他の病気ならね。でも主治医の先生は隠さずに言ってくれた」と涙を流される。「子どもの気持ちで、この壁をピンクに塗って欲しい。もう思い残す事はないわ。こんなに良くしてくれて。あの先生にもよろしく言ってね。どれだけ嬉しかったか。先生（Th.）は、優しくしてくれて、愚痴を聞いてくれてありがとう。この病気はうつるから。それが心配よ。この数珠は父母の形見でね。私はかわいがられたの。」体力の衰えは目に見えて進んでいる。「胸が少し痛い。もっと勉強したい。いろんな仕事もしたい。長生きしたいわ。」【……Ａさんに会うと私は優しい気持ちになります。】Ａさん、涙を流される。「またきっと会いに来てね。」別れ際、とても元気な目になられる。長生きしたい、という言葉がいつまでもTh.の胸に残る。

［＃15］病棟スタッフより、一時は本当に元気がなかったが、この日はとても元気で、友人が３人見舞いに来ていると聞く。改めて訪室。付き添っていると目を覚まされた。【すみません、おどろかせてしまいましたか？】「おどろかないよ。なんだか声がするね。隣のグループ？　台風来るんだって？」その後は聞き取れない言葉が続く。「……たくさん泣いてね。……楽しかった。」また眠りに入る。Th.も一緒に寝てしまいそうになりながら、時間まで付き添った。

［＃16］　台風の影響で大遅刻をして興奮ぎみのTh.は、その話をＡさんに聞いてほしい気持ちになっていた。【今日は大変だったんです！】テ

レビがつけられ台風情報が流れていたが、Ａさんはそれを見ている風でもない。「あらら〜、大丈夫？　気をつけないと〜。」苦笑しているTh. に、Ａさんは「冷蔵庫にお茶あるから飲んで」と勧めた。Th. はＡさんの自宅を訪ねているような感覚をおぼえた。【すみません。じゃ、このストローいいですか？】「いいよいいよ。」Th. は冷えたウーロン茶をありがたく頂いた。「台風で怪我なかったの？　気をつけないとね。」やがて時間になり、退室しようと挨拶すると、Ａさんは「もっとゆっくりしていけばいいのに〜」と、遊びに来た友人を引きとめるようにTh. に声をかけた。少しの間Th. はとどまり、一緒にテレビを見た。再びの退室時、「また会おうねー！」と今度は友人を見送るように、Ａさんから声がかかった。

　［♯17〜♯18］眠っておられる。棚の目覚まし時計は先週頃から止まったまま、誰も電池を替えようとしていない。窓のこちら側には規則正しい寝息が聞こえ、窓の外には無音でざわめく巨大なススキが見える。Th. は自宅で祖母を看取った時の体験を思い出す。Ａさんの内臓はもうほとんど働きをやめているよう。きつさの増した体臭がＡさんに寄りそっている。数珠は外されて棚に置かれている。Th. はあまり多くを考えられない。カルテには"傾眠"と記されることが多くなった。

　［♯19］　長い廊下を歩きながら、今、Ａさんには何が聞こえているだろうか、と想像する。……Ａさんと目を合わせ、手を握る。もう普通の会話はできないだろう。ＡさんはTh. の手を強く握り返す。温かい手だ。【Ａさんに会いに来ました。】目がきらりと光る。時々苦しそうにあえいでいる。Th. は、とても何か具体的な話をする気になれない。……Th. は自然と自分の喉を鳴らしていた。初めはただ喉を鳴らすだけだったが、そのうち、それは勝手なメロディーになっていった。Ａさんにもそれは伝わっているよう。このハミングの即興曲が邪魔になりはしないかと思いながら、小さく少し続けてみた。Th. は次第にこのハミングに夢中になり、もう少し形になるものを伝えてみたい気持ちが起きて、思わず続きをブラームスの子守唄にしてしまった。小さくゆっくり繰り返した。Ａさんの呼吸は、声帯を震わせず息の音だけで、規則正しく苦しそうに続いていたが、そのうち、息を吐く時に声帯に力を込め、苦しいので呼吸のペースを変

えることはできないが、「うー、うー」と声の出る息をするようになった。Th. はAさんが知っているような曲は何かと考え、〈椰子の実〉をハミングした。小さく何度か繰り返した。〈知床旅情〉などやさしいメロディーの他の曲もハミングした。少し迷いながら〈こんにちは赤ちゃん〉。〈赤とんぼ〉〈ふるさと〉。Th. が夢中でハミングしていると、ある時からAさんの喉を鳴らす音に音程がついてきた。吐く時だけの短い声だが、ちょうどTh. がハミングしている音程とAさんの音程が、ぴったり重なる瞬間があることに気がついた。Aさんも一緒にハミングしている。何度か繰り返していると、二人の声がシンクロする回数が少しずつ増えていくのがわかる。やがて、面接時間の終わりが来た。Th. はできればもっと歌っていたかった。【また明日来ます。今日はたくさん歌ってしまいました。また一緒に歌いたいです】と挨拶をすると、Aさんは Th. の目をじっと見つめ、手をとても強く握り返した。

［♯20］朦朧とした意識状態。ほとんど眠っておられる。目が合う瞬間は前日より少ない。時々、苦しそうに喉の奥から激しくこみ上げてくるものがあるが、何も吐き出せない。息を吐く時、今日は初めから小さな声を出しておられた。Aさんは Th. に向かって手を伸ばし、Th. はその手を握り返した。Th. は静かに耳元でハミングをした。〈赤とんぼ〉〈椰子の実〉〈知床旅情〉〈ふるさと〉。ハミングしていると歌詞が Th. の頭に浮かんで来る。気がつくと、Aさんの苦しそうに激しくこみ上げる動きはおさまり、静かに聞いて、あるいは一緒に歌っておられたか……と思われた。そのうち、静かに眠りにつかれた。止まった時計は棚の奥にやられたままになっていた。Th. は、静かに挨拶して退室した。この日、Aさんのハミングは聞かれなかった。

　Aさんは、翌日の深夜、家族の見守る中で静かに息を引き取られた。同じ日の深夜、自宅で眠りにつこうとした Th. の目の前に、Aさんが一瞬現れ、「先生じゃあね！」とひと言だけ話された。

　その後、この事例をまとめている頃に、Th. はAさんの夢を見た。

Th.の夢：Aさんと最後のお別れをした。もうAさんは亡くなられてし

まうだろうと思っていた。その後しばらくして、Ａさんがとても元気そうに歩いて訪ねて来られた。Ａさんから「あのあと本当に亡くなるところだったんだけど、元気になって、奇跡的に病気も治ってしまったのよ」と聞き、とても驚き、二人で手を取りあって喜んだ。Ａさんはにこにこしていて、本当にお元気そう。こんなＡさんを初めて見たと思った。Th. は、Ａさんはもう亡くなられたと思っていて、まとめの最後は、亡くなられた所で終わっていることを思い出し、申し訳なく、恥ずかしいような気持ちになった。するとＡさんは、パッとそれを察したように「それはそのままでいいのよ」と話された。Th. はせっかく奇跡的に回復されたのに、と思いつつ、Ａさんがそうおっしゃるのならそうなのだろうか、と思っていた。

3　考察

(1) セラピストの変化と面接経過との関係

　第Ⅰ期、Th. は比較的スムーズにＡさんとの関わりを始めることができ、短い期間ではあったが、ここで良い出会いを果たせていたことが、退院を挟んだ１年後の面接再開につながったと思われる。身体の治療を目的とする病院であったため、中には心理療法的な関わりに漕ぎだすことに抵抗を示す患者さんもあり、たとえ良い関係を築くことができても、現実的にそれを継続するのが不可能となるケースも多かったということにのみ、ここでは触れておきたい。

　第Ⅱ期、♯６において、Th. はＡさんと再会できたという事実に打たれ、いわばセラピストとして一旦生まれ直さねばならないような体験をした。これは、Th. がＡさんに導かれるように、Ａさんがすでに一歩踏み出していたと思われる世界へとイニシエートされた体験であったと言えるだろう。

その世界は、Ａさんの命の重みが、"死"の方向ばかりを向いてしまっていたTh.の偏りを大きく揺さぶってバランスを回復させたことが示すように、生と死のどちらか一方には偏らないあり方をした世界であったように思われる。なお、この世界のあり方については、(2)の中で更に検討したい。

　第Ⅲ期の頃より、Th.は面接後に激しい睡魔と疲労感に襲われるようになった。次第に傾眠状態でいることが増えたＡさんと面接していると、どうしてもTh.の側から入り込もうとしない限り、関わりは闇の奥へ吸い込まれるように消滅してしまう。Th.は日頃の面接以上に集中して、もはや普段通りにしていては見えなくなってしまったＡさんの姿を、目を凝らして見なければならず、かなりの消耗をしていたと思われる。

　♯11では、ほとんど眠っているだけのＡさんを前に、Th.は、言葉やイメージのやりとりを中心に成り立たせてきた面接の方法が、まったく通用しない事実に直面した。Th.はこの局面において、自身の主観によって、Ａさんのしぐさやつぶやき・室内の空気感や眺め・音などの中に積極的に意味を読み込むことができれば、諦めずに面接を続けることができるのではないかと気づき、夢中になった。それらから読みとった意味について考え、記録し、Ａさんのしぐさを"面白い"と感じたことから、更に柔軟な意味づけも可能であることに気づいていった。この時のTh.は自分一人の世界に溺れきっていたように見える。しかしTh.は、あくまでＡさんがそこに居ることを前提としていたのであり、そうでなければ、この面接はまったく成立しない方向に行っていたかもしれない。また、ここで見方を変えれば、Th.の面接における普段の構えが崩れていった、またそうならざるを得なかったということ自体が、Th.がこの世のあり方を手放し始めたことを意味していたと考えることもできる。Ａさんとの面接を成立させようと頑張れば頑張るほど、Ａさんを乗せてこの世を去る方向へと動く流れに、結局はTh.も加担する形になっていた、とも言えるだろう。

　また、Ａさんの意識や発話がはっきりとした輪郭を失い、より広く曖昧な意味の世界へと入っていくように思われたことを、人間が、誕生後から徐々に世界を分化することで、まとまった形の意味を獲得し、成長する、ということに対照させて考えることもできるかもしれない。

♯11はまた、それまでの面接では背景でしかなかったような物音や空気や眺めなどに、Th. が積極的に関わらねばならない回であった。河合（2000）は、「日常の主観性の成立や発生は、背景となる世界や、目立たないものに現れてくる」として、ドラ・カルフ（Kalff, D.）が示した重症例をとりあげている。それは、セッションの時間すべてを使って、テニスコートの地ならしをするローラーの小さな模型で砂箱の砂を丁寧にならすだけのセッションが数回続いた後、ようやく、いわゆる普通の箱庭が制作されるようになった、という症例で、河合は「個々のイメージが置かれ風景が作られる前に、その前提となり、背景となる世界、自明性の世界をまず作ることが大切であった」と述べている。これは、主観的世界が成立する以前の状態にあるクライエントについて述べられたものだが、本事例においては、Aさんの主観的世界が解体される、あるいはそれを読みとることができなくなる過程を、Th. がともに体験し、Th. 自身も混沌の中に引き込まれ、背景となる世界で生きざるを得なかった、そうなることによってしかAさんと関わり続けることができなかった、ということが言えるかもしれない。もし更にここで、空調の音や庭の植物の方が動き出すようなことが起こるとしたら、それはアニミズムのような、すべてのものが命を得て動きだす世界にも通じてくるだろう。"生"と"死"のせめぎ合うような場では、Th. だけでなく世界全体がイニシエートされてしまうのかもしれない。しかし、また見方を変えれば、Th. に起こるイニシエーションは、世界全体のイニシエーションでもあるわけであり、これはむしろ当然のことと言えるかもしれない。

　Jung（1966）は、「治療者の人格は、治療の、あるいは害をもたらす要因である。治療者自身の変容が求められる」と述べており、河合（2000）は、「治療者が主体的に関与しているということによってのみ世界が成立する」と記している。上記のような第II期以降の Th. の変化と、Th. が抱いたある種の強い思いこみは、それがAさんにとってどのような体験であったのかを確かめることはできないが、少なくとも Th. がAさんと最後まで出会い続けるためには必要であった。Th. の変化も、タオルごと持ちあげた時に Th. が感じたAさんの重みも、止まったままの時計を見ていたことも、

壁の色を想像したことも、個人的な体験を思い出したことも、そしてＡさんが夜中の工事音を聞いたことも、長生きしたいと願ったことも、母親のように幸せについて Th. に語り聞かせてくれたことも、すべては二人の関係の中で授かった大切なものと思われる。

　♯13のＡさんの夢に登場した"赤ちゃん"を、このような意味合いで、授かるもの・生まれるもの・結晶するもの、として見ていくことも可能であろう。それは、面接の中に誕生するものであると同時に、夢の語りに「生まれたのね。でも、生まれてないね」という動きについての描写があるところを考えると、Ａさんが命の世界を去ろうとするまさにその局面において最も際立ち、死という背後があるからこそ、こちら側に反転して顕れることが可能な命というもののありようを表している、と想像することも可能かもしれない。更には、「お父さんとお母さんがお見合いをしたから生まれるのは当然」とも述べられており、Jung（1963/1973）の「永遠性の光のもとにおいては、死は結婚であり、結合の神秘（mysterium coniunctionis）である。魂は失われた半分を得、全体性を達成するかのように思われる」という言葉にも、大いに関わる夢であるように思われる。夢の中でＡさんは、"泣き声"によってその誕生を判断しようとしていた。"泣き声"は、赤ちゃんの中に満ちてくるはずのエネルギーの存在を思わせる。"泣き声"がしないということは、生まれるべきもののエネルギーが、未発の状態に戻っているか進んでいるかしている、ということであろうか。"声"に関しては(2)の中で再度検討する。

　経過の中でTh. は、Ａさんの状態の悪化に心を痛め、♯14の「この病気はうつるから」という言葉を重く受けとめつつも、♯16の台風で遅刻した日にはＡさんから遠慮なくお茶を頂き、♯19では夢中になってハミングするなど、どこか開放的な態度で面接に臨んでいたように思われる。おそらくＡさんにも、この Th. の変化は何らかの形で伝わったであろうし、それによってＡさんの中の何かが開かれたかもしれない。♯19の二人のハミングが、その開かれを物語っているようにも思われてくるのである。

(2) 出会いと別れの同時性

　"死"について私たちに何かが言えるとしたら、それは"生の側からとらえた死"でしかあり得ない。(1)では、主に治療関係を中心に面接経過の流れに沿って検討したが、本事例は一方において、決してその真実を知ることのできない"死"に開かれているために、どこまでも何かを実体化して表現することができず、どこまでも目標や解決を想定することができない、という側面をもっている。死の前に横たわる絶対的な断絶は、私たちの口をつぐませる。"決して知り得ないけれども、そうとしか思われない"という、きわめて主観的な世界を扱うしかない。しかしこれは、突き詰めれば、"死"に開かれた"生"を生きている私たちの普段の面接においても言えることであり、むしろ、現実に"死"に開かれた事例に接することによって、私たちは改めて心理臨床のこのような側面に気づかされるのかもしれない。

　そこで(2)では、面接の流れからではなく、"出会いと別れの同時性"という一つの切り口から、再びこの事例を検討してみたい。これは、Aさんが亡くなった瞬間にTh.が体験したヴィジョンと、その後のTh.の夢を手がかりに、事例を振り返る中から浮かんで来たキーワードである。そこから、具体的な出来事を横につなぎ合わせるだけでは見えてこない、この事例のもつもう一つの側面に迫ることができるのではないかと思われた。

　Th.は、Aさんがちょうど亡くなった頃、Aさんが一瞬目の前に現れて「先生じゃあね！」と言うヴィジョンを見た。これを、AさんがTh.に別れを告げに訪れたことと理解するのは許されるであろう。"虫の知らせ"と呼ばれる現象もこのようなことかもしれない。その後Th.が見た夢では、Aさんが奇跡的に回復して元気な姿でTh.を訪ねて来られ、大いに喜んだが、Th.がAさんは亡くなったと思い込んでいたことを、Aさんは否定しなかった。このヴィジョンと夢を比較検討した時、筆者には、この両者がほぼ同じ内容を伝えているように思われた。すなわち、どちらにおいても、二人の出会いは別れを意味する出会いであり、Aさんは亡くなったけれども元気になっているのである。そこには、相反する方向をもつ二つの動き

の同時性や、相矛盾することが大らかに肯定されているのを読みとることができる。ヴィジョンではこのような内容が、まさに瞬時のAさんのひと言に集約されたが、事例を検討するなどして"時間"というものがそこに含まれてくると、この夢のように、ある程度、物語の形をまとって現れてくるのかもしれない。

　この、反対方向をもつ二つの動きの同時性や矛盾に対する大らかな肯定は、河合（2000）が結合について「素朴な結合ではなく、否定の入った止揚された結合」と述べ、「結合は弁証法的であり、常に流動している」、「結合とは常に結合と対立の結合、同一性と差異性の結合なので、この両者の関係が洗練化されていくことが大切」（河合, 1998）と述べていることに通じると思われる。

　そこで次に、事例の中から、"触れること"と"声"、という二つの要素をとりあげ、その行為や事象そのものが内包している特徴と本事例との関係について考察してみたい。

(a) 触れること

　通常の臨床で、お互いの身体に触れながら面接をすることはまずないと思われるが、本事例では♯7以降、ほぼ毎回 Th. はAさんの手や体に触れ、その行為が会話に代わって二人のやりとりを可能にする大事な手段となっていた。Aさんから握るのか、Th. から握るのか、強い握りなのか、手は温かいのか冷たいのか、メッセージのこめられた雄弁な握手であるのか。この場合の触れ合うという行為には、相手から何が発信されているのかを判断し、自分から何をどう伝えるかを考え選び実行する、という意味が含まれていると思われる。

　一方♯10では、Th. は自分の掌に脈うつ感覚が、自分のものかAさんのものかわからない状態になった。それは触れ合っているからこそ直接的に生じる、一体感や融合の感覚と思われる。

　中村（1977）は「感覚印象のうちにすでに、選び、比較し、秩序立てる広い意味でのロゴスの働きの萌芽がみられる」と述べ、触覚については「視覚ともっとも対蹠的な直接接触の感覚」で、「触るものと触られるもの

との間では、主客を対立させる分離は起こらない」と述べている。更に中村は、視覚は世界を切り離して対象化する働きが強いのだが、自分の手と手が触れ合い「対象的身体が同時に主体的身体」となる例を挙げ、そこでは見られる私は触れられる私と結びつき、やがて「見ることが触ることの意味をもつようになる」、見ることにおいても触ることにおいても、「主体と客体との逆転が起こるようになる」と述べている。それは、森の中で私が木々を見るのではなく、私が木々に見られている、という逆転に通じるのである。

(1)で述べたように、Th. は普段の臨床からいわばイニシエートされ、"触れる"行為を取り入れていった。そこでは、Aさんと Th. の主客が混じり合うような動きが活発に起こっていたのかもしれない。Aさんや言葉・イメージ等を Th. 自身から切り離し、対象化してとらえる限りにおいて、Th. の主体は Th. 自身の内に定点をもっていた、あるいはそこに凝集していたと思われるが、"触れる"という行為を通して、Th. の主体は Th. 自身の内に固定されながら、同時にAさんや世界の中へと解放されてもいたのではないか。またAさんの側にもそれは起こっていたのではないか。そしてそのこと自体が二人の更なるイニシエーションとなっていたのではないか。こう考えてみると、"触れる"という行為にも、(1)で述べた、どちらか一方に偏らない世界の一つの顕れが見てとれるように思われる。また、素朴に意味づけすることのできない、切れていることと結ばれていること、固定することと動いていることが、どこまでも同時にあるような世界は、身体を通じてこそ体験されるが、同時に、もはや身体を必要としない世界でもあるのかもしれない。

(b) 声

"声"や"歌"には、境を突き抜けてあの世とこの世を結びつける力があると思われる。その中には、たとえば仏教における声明のように、この世から向こう側へと届かせるための声もあれば、中村（1992）が、ヨーロッパ中世で最も洗練された感覚は聴覚であり「信仰とは、まさに〈神のことばを聴く〉ことであった」と述べているように、向こう側からこの世へと

突き抜けてくる声もある。またそれらは、神託や福音であることもあれば、オデュセウスを惑わせ死へ誘うセイレンの歌声や（Bulfinch, 1855/1978）、日本にも死者に引っ張られるのを防ぐために"耳塞ぎ"（新谷ら編, 2005）という呪術があることが示すように、忌み嫌われる声であることもある。

　また河合（2000）は、オルペウス神話を心理学的に解釈し、歌や音楽には「無限の近さと遠さの同時性」があり、それは、聴くものを宥めると同時に暴力的なものでもあり、遠近法による近代的主体のように一点に視座を固定してすべてを眺望し支配するのではなく、「自分の中心を定めずにどこか漂う主体なのであり、曖昧さを残した主体なのである」と指摘している。

　ここで事例から、♯13の夢における"赤ちゃんの泣き声"について考えてみたい。この泣き声は、上述したような"聞こえる声"ではなく、"聞こえない"という形で現れている。まだ聞こえて来ない泣き声が、夢の中のAさんの心ではすでに響いていたのではないか、と筆者には思われる。そう考えると、この夢の泣き声には、単に距離としての近さと遠さの同時性だけではなく、時間を超え、ものごとが起こる前と起こった後とを結合する、という働きも認められるのではないだろうか。それが未生の沈黙としての泣き声であるとしたら、それは、中心の定まった主体から発せられた声ではなく、誰かに属することのない"声そのもの"であったと言えるかもしれない。

　♯19でAさんは、苦しい息の中でハミングをされた。短く、切れ切れの歌声であったが、息を吸う間の歌声の途切れた部分でも、おそらくメロディーはAさんの中に流れていたであろう。Aさんのこの世に生まれた短いハミングと、未生の世界の沈黙の歌声は、交互にそして同時に、Th. のハミングと重なっていたのかもしれない。

　以上のように考察すると、この事例においては、出会いと別れ、主体と客体、何かが起こる前と後などが、区別可能でありながら渾然一体となってもいることが見えてくる。Hesse（1950/2006）は、「真理というものは、それが一面的である場合にのみ、表現することができ、言葉につつまれ得るのだ。思想で考えられ、言葉で表現できるものは、すべて一面的なのだ。

すべて一面的で、半分なのだ、（略）だが、世界そのものは、私たちのまわりと私たちの心の中に存在するものは、決して一面的なものではない」と述べている。本事例を通して筆者は、このような見方に開かれていることの大切さを改めて感じている。

4　おわりに

Aさんとの出会いは同時に別れでもあった。そのわずかな接点には、凝縮された濃厚な心理臨床のヒントがつめこまれていたように思う。「あることを理解することは、橋であり、進路へと戻る可能性である。けれどもあることを説明するのは、恣意的なことであり、時には人殺しになる」(Jung, 2009/2010)。筆者にはAさんの命や死について説明することはできない。しかし、心理臨床という枠組みにおいて、出来る限りの考察を慎重に重ねることは大切と思われる。本稿ではそのいくぶんかをとりあげたが、全体像はいまだつかみきれていない。

付記：本稿は、日本ユング心理学会第1回大会における発表をもとに作成したものです。大切なご指摘を下さいました座長の川戸圓先生、発表をお許し下さいましたAさんのご家族の皆様、そして、筆者を導いて下さったAさんに、心より感謝申し上げます。

文　献

Bulfinch, T. (1855): *The Age of Fable*. Sanborn, Carter amdBazin.（野上弥生子訳（1978）：ギリシア・ローマ神話．岩波書店）

Eliade, M. (1968): *Le Chamanisme*. Payot.（堀一郎訳（2004）：シャーマニズム（上）．筑摩書房）

Ellenberger, H. F. (1970): *The Discovery of the Unconscious*. Basic Books.（木村敏・中井久夫監訳（1980）：無意識の発見（上）．弘文堂）

Hesse, H. (1950): *Siddhartha*. Suhrkamp Verlag.（岡田朝雄訳（2006）：シッダールタ．

草思社）
Jung, C. G. (1963): *Memories, Dreams, Reflections*. Jaffé, A.（ed.）, Pantheon Books.（河合隼雄・藤縄昭・出井淑子訳（1973）：ユング自伝2．みすず書房）
Jung, C. G. (1966): *The Practice of Psychotherapy*, *CW16*. Princeton University Press, §172.
Jung, C. G. (2009): *The Red Book*. Sonu Shamdasani (ed.), W. W. Norton & Company.（河合俊雄監訳（2010）：赤の書．創元社）
河合俊雄（1998）：概念の心理療法．日本評論社．
河合俊雄（2000）：心理臨床の理論．岩波書店．
中村雄二郎（1977）：哲学の現在——生きること考えること．岩波書店．
中村雄二郎（1992）：臨床の知とは何か．岩波書店．
中沢新一（1996）：三万年の死の教え——チベット「死者の書」の世界．角川文庫．
新谷尚紀・関沢まゆみ編（2005）：民俗小事典　死と葬送．吉川弘文堂．
Turner, V. W. (1969): *The Ritual Process*. Walter de Gruyter Inc.（冨倉光雄訳（1996）：儀礼の過程．新思索社）

●要約

　末期がん患者との短期間の心理療法過程において、セラピストは、面接における普段の構えを維持することができなくなり、クライエントがすでに足を踏み入れていたと思われる、生と死の狭間の世界へとイニシエートされていかねばならなかった。このセラピストの変化が、言葉やイメージを用いることができなくなった後も、二人の関係が続くことを可能にしたのではないか、と思われた。本稿ではまた、出会いと別れの同時性、というもう一つの論点から考察がなされている。セラピストは、クライエントが亡くなった後、面接において反対方向を向いた動きが同時に起こっていることに気づいた。たとえば"触れる"という行為には、クライエントとセラピストの主体と客体とを容易に逆転させ得るような働きがあると思われる。また、クライエントの夢における赤ちゃんの泣き声というシンプルな一例を挙げてみても、私たちはそこに複雑で豊かな"声"の世界の論理を見いだすことができるのではないだろうか。これらのことは、本事例を何か一つの方向からのみ意味づけることが決して出来ないことを示唆していると思われる。

　　　キー・ワード：セラピストのイニシエーション、言葉やイメージを用いない関係性、出会いと別れの同時性

The emergence of a boundary between meeting and separation: The study of the process of psychotherapy with a client suffering from terminal cancer

Azamino Mental Clinic
NISHIMAKI, Masako

In the short process of psychotherapy with a client who was suffering from terminal cancer, the therapist could hardly keep her usual attitude of psychotherapy and had to be initiated into the middle world between life and death where the client already had stepped in. The change of the therapist might enable the two persons to maintain their relation without words or images. Another topic of this study is simultaneity of meeting and separation. The therapist noticed after the death of the client that there were some movements of opposite directions at the same time, for example, "touch" could easily reverse the positions of subject and object between the client and the therapist. Even a simple matter such as the crying of the baby in the client's dream, we may find the logic of complicated and fertile world of "voice." It suggests that we can never say anything in one-sided way about the case.

Key Words: initiation of therapist, relation without words or images, simultaneity of meeting and separation

研究論文

軽度発達障害における『イメージと言葉の乖離』について

渡辺あさよ
七里ヶ浜心理臨床オフィスsolala

1 はじめに

　軽度発達障害の心理臨床においては、心理療法が有効でないという見方が広まっている上に、心理療法家の間でも従来の方法が通用しないと言われ始めている（小澤, 2007; 田中, 2009; 河合, 2010）。筆者は、心理療法の臨床場面でたまたま出会った高機能自閉症の人たちから得た仮説を、軽度発達障害をベースにもつと見立てた人たちに適用し続けてきたところ、彼らの問題の中核の一つが『イメージと言葉の乖離』であることを認めた。ここに至るまでの臨床実践の経緯を主要な事例で示し、さらに『イメージと言葉の乖離』する人たちとの面接への工夫について提示する。

2 臨床事例と仮説の導入

　仮説Ⅰはパニックに関するもの、仮説Ⅱは心の主体（主観）の成立に関するもの、仮説Ⅲはイメージと言葉の乖離に関するものと分類する。

【以下、「　」内をクライエントの言葉、〈　〉内をセラピストの言葉として記載する】

> **事例A**　高機能自閉症、37歳男性、作業所通所

（5歳〜母、21歳〜A、共に継続中）

　Aが5歳時に「母親を認識できないAにどう接したらいいか」との主訴で来談した母親と継続面接を始めた。A自身は幼稚園での統合保育が順調だったために治療的関わりをもたなかったが、就学指導委員会の検査者として一度オフィシャルに関わったことがあり［鈴木ビネー知能検査：質問が入らず不能、大脇式知的障害児用知能検査〈積み木問題〉：食らいつくように遂行して全問正解、行動観察：目を輝かせて射撃］、その時のアグレッシブで賢い印象は今も記憶に残る。その後、小中学校普通学級から県立高校、二浪して私立大学法学部へと進み、2年生（21歳）に進級した前期試験前に精神病を疑われるような大パニック（後に『ハルマゲドンⅠ』と自らが名づけた）が起こり、休学してセラピストの前に現れた。一見楽しそうに毎日登校していたAを「不自然で苦しそうだ」と感じていた母親とセラピストには、「パニックのお陰でやっとドロップアウトできた」と受けとれ、パニックの貴重さが実感された。Aは「漫画、アニメのミスマッチが頭に浮かぶ恐怖、『鬼』という字の恐怖で苦しい」と訴えるものの、具体的な内容は言葉にならず、その恐怖は後に「悪魔が僕の幸せを妬んで食いついた」と表現されるようなファンタジックなものだった。そんなAにとっての面接は質問の場、『質問ノート』に問題をまとめて来て解答をもらう場だったが、そういう知的論理的世界の中にさえニヤニヤしながら独り言を呟く世界（「アニメや漫画のイメージが頭に浮かぶ」）が割り込む瞬間が垣間見られ、その二つの世界を粉砕するように叫びのパニックが噴き上がった。毎回のこの叫び声はあまりにも大きくて、まわりにいるスタッフたちを脅かしたようだが、大パニックが貴重なものだと見え始めていた筆者には、毎回の小パニックに対しても『内的世界を解離させて適応してきたAの存在の根元から噴出するリアルなパワー』だとして肯定的に受けとめられ、落ち着いて聞き流すうちに鎮まっていった。

仮説Ⅰ①

　このような面接を通じて【理性的『質問世界』と感性的『独り言世界』の解離の中、その根元から噴出するのが『パニック』である】という仮説Ⅰ①が生まれ、これにより【パニックを怖れない視点】が導かれた。

＊　　＊　　＊

　面接を続けながら復学して2年3年4年と順調に進級していくうちに面接場面でのパニックはなくなり、緊張感は緩み、おならやあくびが出ることもしばしばとなっていった。本来なら就職活動の時期なのに単位が取れず卒論のテーマも決まらない苦しい最中の81回に、リクルート本をパラパラ見るＡの前でセラピストに心地よい眠気が生じたり、88回で「寝不足で」とソファに横になって25分眠った後、「先生に卒論のことをきかれて『わからない』と答えたら『それじゃあお母さんも辛いなあ』と言われたけれどう考えたらいいかわからない」と言った時には、『わからなければならない』強迫的な世界に『わからないまま放置』する空間ができていた。結局、留年して2回目の4年（26歳）4月に2回目の大パニック『ハルマゲドンⅡ』が起こり「現実と自分とのミスマッチが苦しい」と訴えて休学した（100回）。この頃から、「殺される恐怖から勉強をやっていただけの気がする」「今までの人生はアウシュビッツの強制労働みたいで嫌だと言ったら抹殺されると感じていた気がする」などと振り返る一方で、「頭の中にイメージはあるのに言葉に組み立てられない」「心を殺して生きてきた」「ねえ先生、僕には心のリハビリが必要みたいだよ」などと、「イメージと言葉とが一致しないこと」が言葉になり、同時に一致し始めた。140回、セラピストは『質問ノート』なしの面接を提案する。

仮説Ⅱ①

　このようなＡの言葉を通じて【『嫌と言ったら抹殺される強制労働の世界』に生きているならば、それは面接場面にも及ぶはずである】という仮説Ⅱ①が生まれ、これにより【『嫌と言える面接場面』への工夫】が必要となった。

> **事例B** 高機能自閉症、27歳男性、作業所通所

(「パニック頻発」19歳〜継続中)

　県立高校を卒業して予備校に入学することになっていた4月に母親を亡くしたBを、それまでほとんど関わりのなかった父が面倒をみることになった。父によると、小学生時代から友達と遊ばず、運動会でも皆と同じことができなかったが、専門機関にはかからないままに高校へ進学し、通学バスでのトラブルをきっかけに専門機関を初めて訪れたが、継続には及ばなかったらしい。「知的障害」の判定を受け、母の切望した進学への道を捨て、作業所に通うことになったが、パニックの頻発で困った作業所から紹介されて来談した。インテークの日、待合室ではなくスタッフ控え室に入ってきた大柄なBに、待合室に案内するための言葉は通用せず、男性スタッフが体当たりで押し戻す場面があった。話しかけてもオウム返しでつかみどころがなく、パニックが起こると物を壊したり人につかみかかったりするというBだったが、仮説Ⅰ①、Ⅱ①をふまえて狭い面接室でBと40分向かい合い、父と10分話すというセッションを隔週で10回続けてみることにした。

　初回、〈何しようか？〉「何しようか」〈絵描く？〉「絵描く」らくがき帳を手渡すと、表紙に紙を乗せて表紙のうさぎたちの顔の絵を写す。〔実のなる木〕(絵1)〔自分〕(絵2)とセラピストの教示に従って描いた後に、自主的にカレンダーブックの虹の絵を模写する。3回には自由画、〔ポストと郵便車〕〔空と雲〕〔潜水艦と魚〕(絵3)を描き、♪イエロー・サブマ

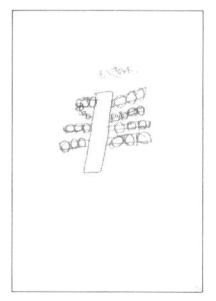

絵1　　　　　　絵2

リン♪を二人で歌った後に、「あなたの名前は？」〈何でしょう？〉「W」〈なんだ、知ってんじゃん〉直後に〔川と両岸の俯瞰図〕（絵4）が描かれた。谷を境にしたオウム返し的エコー的なあり様から、クライエントとセラピストが分かたれた瞬間だと感じられた。5回は来る途中にパニックを起こして父の顔や腕には痣が残り血が滲んでいた。描かれたのは〔山二つをトンネルと山越えでつなぎ、何本もの川も越えてぐねぐねとつながる円環道路〕（絵5）と〔空の下、雲を分けて屹立する富士〕（絵6）だった。『矛盾も対立もない常同的円環運動世界』に『屹立運動』が生じた瞬間がパニックではないかと直観した。これは「フジヤマ」という言葉でパニックが始まることが多いと伝えられていたこととも一致する。全き円環世界に個を立ち上げようとする試みの結果がパニックの多発となっていると見立て、10回を待たずに父子の了解を得て「毎週で継続」する。

仮説Ⅰ②

パニックの起こった日の2枚の描画により【『常同的円環運動』

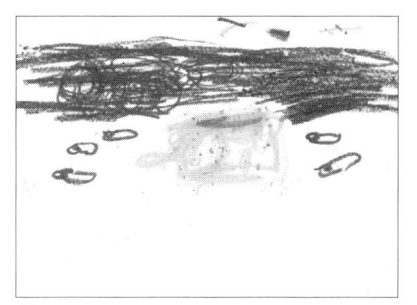

絵3

絵4

絵5

絵6

に『屹立運動』が生じた瞬間がパニックであり、この『屹立運動』は『一体的円環世界』に立ち上がる『個』の萌芽である】という仮説Ⅰ②が生まれ、これにより【パニックを尊重する視点】が導かれた。

＊　＊　＊

　15回、「化けの皮を剝ぐ」「正体をばらされちゃう」〈そろそろお父さんの時間だけど、今日はガブガブしたの？〉「した」「でも話さないで」〈それはできないよ〉ミニカーを投げ、机を投げ、セラピストの足に手をのばそうとしたところに〈やめなさい!!〉と叫ぶと止まる。〈投げたもの拾いなさい!!〉〈壊れたのも全部拾いなさい!!〉真っ二つに割れたはしご車を棚にしまって封印するかのようにきっちりカーテンを閉めた。このエピソードによりセラピストは、『異なる山二つであるセラピストとクライエントが川を隔てて分かたれつつ相対する』イメージを意識することでパニックが鎮静することを体験した。翌16回には♪ペアペアペアペアペアマッチ♪とミニカーでテーブルを叩いてリズムを刻み、放屁して「バージョンが変わった」と言う。おなら、あくび、歯を鳴らすなど微細な音の世界、感覚の世界にそれぞれが没入し始めた18回、これまでもくり返し描かれていた〔ポスト〕（絵7）を今までのように『通信のための道具』と見るのではなく『他者のメッセージを入れる空の容器としての自分』だと感じるセラピストがいた。すると翌週にはポストに替わって〔トマト〕（絵8）が描かれた。同じ赤でも無機物から有機物へ、入れ物から果実への変化である。

絵7　　　　　　　　　　絵8

仮説Ⅱ②

　セラピストの連想とぴたりと一致した『ポスト』から『トマト』への描画の変化を通して、【『なまものとしての真っ赤なトマト』は、『心のリアリティ誕生』の表現である】と仮説Ⅱ②が生まれ、これにより【クライエントとセラピストが共に、心のリアリティで向き合う面接への工夫】が必要となった。

＊　　＊　　＊

　23回、「国境を越えて」「すべての角を押さえて」〈オセロ？〉「オセロ方式てのは」「セットチェンジ」〈オセロやる？〉「やる」ということで、不穏になる危険性の大きいオセロ対決に入ることになる。仮説Ⅰ②、Ⅱ②をふまえた上で、『なまもの』としてのセラピスト－クライエント両者を共に信頼して相対してみようという決断だった。案の定、毎回パニックの萌芽と思える不穏な状況が生まれるが、セラピストが動揺するのはもちろん、関心を示しただけでも勢いづき、無関心に居続けると鎮まることがわかっていった。33回には、「むきになる」「苛立つ」「負けそう」「自分との戦い」などと内心が言葉になり〔口が閉まったポスト〕（絵9）を描いた。

絵9

仮説Ⅰ③

　パニックを誘発するオセロを続けることによって、【パニック鎮静には『無関心に、かつ、向かい側に居続ける』セラピストの存在が有効で、そんな二人にこそリアルなコミュニケーションの可能性が開かれる】という仮説Ⅰ③が生まれ、これにより【パニックからコミュニケーションへと向かう視点】が導かれた。

＊　　＊　　＊

　38回にテーブルに伏して「オセロで暇つぶせてよかったね」と言った頃からオセロをやめたそうな雰囲気が醸し出され、キャンセルが頻繁となる。絵は〔トンネルが2本あるくねくね道路図のトンネル2本を（つなぐのか切るのか）直線が交差する〕（絵10）をくり返し描いていた。パニックで

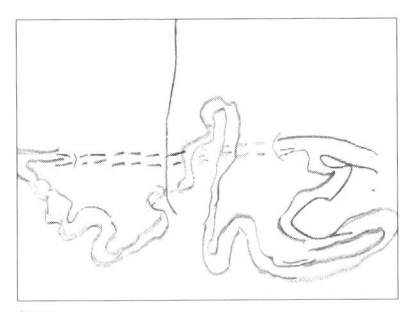

絵10

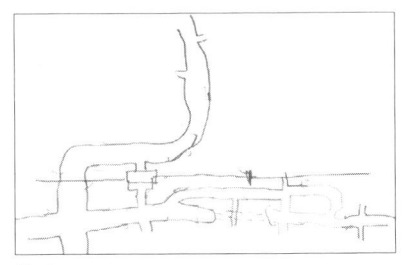

絵11

絵12

中止するのではなく、「オセロが嫌」「行くのが嫌」などの言葉の萌芽を感じたセラピストは、B自身が「オセロをやめる」と断言するまでオセロを続け、キャンセル、つまり「行くのが嫌」が実現されやすいように当日キャンセルを無料にした。58回には「オセロは飽きた」「やり方もわかったし」「一週おきにしようか」〈ふーん〉、59回には「オセロは疲れる」「初心に戻って」「回数を減らそう」〈ふーん〉、63回には「のんびりするのもいい」〈ふーん〉、そして65回、オセロを始めてから43回目でついに「オセロやらないよ」「これからはのんびりする」と言った。同時に〔大きな四つ角のある駅中心の地図〕（絵11）と〔水平に広がった大地の緑が立ち上がりピンクの塊を貫く図〕（絵12）を描き、緑の軸に沿って真っ二つに折ってセラピストに手渡す。『オセロをやるかやらないか』と『のんびりするかしないか』という価値観の交差が『四つ角』だと思われた。『オセロをやりたいようなやりたくないような、のんびりしたいようなしたくないような、もやもやピンク』を貫く『心の主体性（主観）』としての緑の軸だと感じられ、以後Bは雑誌を見ながら独り言、セラピストは手帳の整理などしながら、『他人と対面する中で、自分を守りのんびりできること』を目標にする。

仮説Ⅱ③

　実感ある言葉で断言できたと同時に描かれた2枚の描画により、【『四つ角』は異なる価値の成立と交差、『ピンクを貫く緑軸』は心の主体（主観）の誕生を意味する】と仮説Ⅱ③が生まれ、これにより【心の主体（主観）が四つ角で客体（対象）と交差する面接の工夫】が必要となった。

事例C　アスペルガー症候群　高2男子

（「エスケープ」小1〜小5／中1〜高1終結）
　小学校入学直後に担任から紹介されたCは、教室からエスケープして図書室にこもったり、作品ができない時や友達にちょっかいを出された時にパニックを起こしていた。人を意識すると一方的に早口にしゃべり続け、好きな世界にすこんと入るとにやにやと楽しげで、話しかけても聞こえなくなるといった具合に、人と不器用につながってしまうか、人と切れて自分だけの世界に埋没してしまうかの両極端を生きていた。プレイセラピーではゲームボーイを選ぶことが多く、最初はCのプレイを見ていたセラピストも、仮説Ⅱ①、Ⅱ②、Ⅱ③をふまえて別のゲームをやり始め、それぞれがそれぞれのゲームに興じるセッションが通常化する。言葉を交わす回もあれば交わさない回もあるといった無関心で気ままな時間と場を共有するうちにCの学校生活はうまくいき始めたので、学校を早退して続けてきたプレイセラピーを終結して母親面接のみで継続する。しかし中学に入って、こぶができるほどに激しく頭突きするパニックが起こったために隔週でのプレイセラピーを再開した。クラスメートのちょっかいに反応して自爆するCに対して、新しい相談室に移動した42回を機に二人が向き合い、『2枚の紙に描線を描いて交換』し、『描線を使って絵にして交換』し元に戻す、『相互スイグル法』を『強制』した。42回には描線を描こうとせず、43

絵13

回には絵を描こうとせず、44回で『黒電話』（絵13）を描いた。『形態の曖昧な生きもののような電話機』と『くっきりしたダイヤル』のデジタルな世界は対極である。電話機本体はもやもやしたままにあり、11まである不思議なダイヤルだけがカラカラ回る姿はCの臨床像と一致し、『イメージと言葉の乖離』というキーワードが浮かんだ。

仮説Ⅲ①

『相互スクイグル法』での描画により、【『もやもやしたままの電話機本体』の上で『非現実的なダイヤルが空回りする』状況は『イメージと言葉の乖離』の表現である】という仮説Ⅲ①が生まれ、これにより【『もやもやした本体』そのものを分かち言語化する面接への工夫の必要性】に導かれた。

事例D　高機能自閉症　26歳男性

（「入水」小6〜中3……20歳……23歳〜24歳中断）

小6の冬に教室からエスケープして海に入ったところを見つけられ、その後も派手なエスケープで学校や親を翻弄する。対人関係におどおどびくびくしている面と外国でのホームステイに行く大胆さの両面をもつDを、家庭の問題と見立ててプレイセラピーと母親面接を継続した。しかし、治療的家庭教師の入った中3頃よりDは来なくなり、父母面接のみを継続したが、Dが高校に入学直後に「やめる」と宣言してひきこもったあたりで父母面接も中断した。20歳前後に現実離れした途方もない頼みごとがあるとひょっこり現れることが数回あったが、いずれも数セッションで終わり継続には至らなかった。その後相談室が閉まることになり、どうしたものかと考えていたところ、3年ぶりに階段の下で待ち伏せていた。「23歳になって初めてバイトしたら、すべて指示されないとできなくて怒られっぱなしで1日で辞めた。どうしたらいいか相談したい」との言葉にまず驚き、恐る恐る〈キミは発達障害だと思う〉と言うと、「インターネットで見て、そう思う」と言う。見立てを共有した上で、セラピーを再開する

絵14

絵15

絵16

絵17

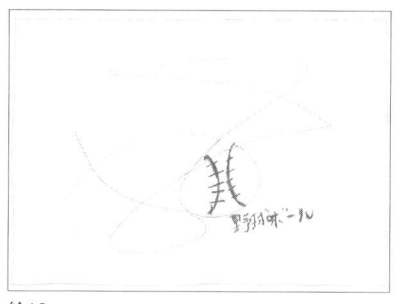

と同時に福祉ルートに乗せて『高機能自閉症』と診断された。

　仮説Ⅱ①、Ⅱ②、Ⅱ③をふまえて「他人と共にいて自分を守ることが目標」のセラピーに、10回で『相互スクイグル法』を導入する。混沌の中から形が現れようとする瞬間のような『マクロス7』（絵

絵18

14）から14回『ダイヤモンドフォーク』（絵15）へと徐々に『図』が浮き上がり、15回『三日月』（絵16）、16回『風船』（絵17）では、黒だった『地』が青となり、17回『野球ボール』（絵18）では『図』が切り取られる。茫洋としてつかみどころのなかったＤの世界からボールが飛び出した。赤い縫い目２本がそっぽを向いて立っている。キャンセルの電話がかけてこられるようになり、筆談から口頭での言葉のやりとりができ始めた矢先に「足の怪我（自殺企図？）が治ったら来る」と言ったまま中断となる。

仮説Ⅲ②

『相互スクイグル法』によるこれらの描画を通して、【混沌から飛び出したボールは、図として切り取られた明確なイメージであり、言葉のキャッチボールへの可能性に開かれる】と仮説Ⅲ②が生まれ、これにより【混沌から浮き上がるイメージを言葉にして投げ合う面接の工夫の必要性】に導かれた。

事例E　ADHD　69歳女性

(「娘のこと、臨床心理士になりたい」61歳〜継続中)

スケッチを伴う煩雑で冗長な夢の記録を大量に持参する。順番をそろえるだけで時間がかかり、不明な点を一つ質問すると弁解めいた説明が拡がり終了時間が来てしまう。毎回それをくり返しつつも徐々におさまりつつある中の205回、夢を読み上げる途中でわからなくなり絶句した。「白い雉のおとりでオスを捕まえる……というか、動くものがあるだけ……形のある白が白い中にある……正確にはそうだったみたいな気がする」と。それ以後急激に夢を取捨選択できるようになり、夢内容やパニックになる自分についてなど、セラピストと言葉のキャッチボールができるようになる。

仮説Ⅲ③

この夢を通して【ストーリーとして語ろうとして失敗したおぼろげなイメージ『白い混沌の中に白い形』こそが、イメージにコミットした言葉である】と仮説Ⅲ③が生まれ、【空回りし拡がる物語に惑わされず、イメージにコミットした言葉に着目する視点】が導かれた。

3　各事例の現在の状況

事例A

　強い要望で面接を隔週にした592回直後、『ハルマゲドンⅢ』（通所者の言動が許せない）が起こり、不眠を訴えて精神科を受診して面接を毎週に戻す。初めて手帳のメモを見ないで話し、夢に『細い針金のジャコメッティ彫刻みたいな自分』を見る。609回「悪魔が自分を苦しめる」に対して〈悪魔が苦しめるってどういうこと？〉と尋ねてみると「悪魔がわからないんですか！　なんてったらいいかなあ」と真剣に言葉を探し始め、610回に「嫌と言ったら悪魔、吸血鬼が食いつく」に〈悪魔も吸血鬼もピンと来ないんだけど〉と食い下がると「頭の中が混乱してくる」「心がめちゃくちゃでちゃんと考えることもできない」「罪悪感だ」と、『罪悪感』という言葉が浮かび上がり、「怠けているとか甘ったれているとか思われそうで苦しい」と言葉にまとまった。

事例B

　車で面接に来る途中でBは「帰る」と言ったが、父が「ここまで来ちゃったから」と進もうとしたらパニックになり、Uターンしておさまった後で「言いたいことは言ってもいい」と呟いていたと、父からキャンセルの連絡が入る。謝るように促したところ、「強引だったのがいけなかったの？」という父の言葉に「そうだよ」と答えた。その次の260回には入室早々に「夏休みはいつ？」と訊き、セラピストが〈今年はないから好きな日に休んで〉と答えると「よかった！　去年は＊日が休みだった」と答えるなど、生きた会話ができ始めている。「よかった！」の反応は「夏休みはない」「好きな日に休んで」のどちらに対するものかと楽しみにしていたところ休まずに来た。おぼろげにではあれ意志表示ができてくると、今までBが望んでいると思って周囲がお膳立てしていたことがまったくの勘違いで、迷惑でさえあったかもしれないことがわかり愕然とする。

事例C

絵19

真っ赤な人参（絵19）を描いた58回にゲームボーイを置いて、セラピストの目を見て「実は相談があるんです。今日来る時に歩いていて、子どもを踏んづけた気がして落ち着かなかったけれどどうしたらいいですか」と尋ねる。〈踏まれた相手は泣いたり痛いと言ったりするから、何もなければ大丈夫〉と答えると納得する。まわりが見えず、自爆して投げた物がそこにいた子の目に当たるなどして凶暴視されたCに、過剰ではあるが対象の感覚が生じ始めたのは画期的だと思えた。その後、高校を『学校見学でうたた寝するかしないか』を根拠に自力で選択でき、それを皮切りに入学後はさまざまな選択することができる。高校生活は順調に進み、セラピストの抵抗を押し切って終結となる。

事例D

その後の自殺企図を目撃した両親は「働かなくても生きてさえいてくれればいい」と心から思えたとのことだ。自力で両親を諦めさせてのんびりと毎日を送り、主体的に動いて得た年金でライブに行くのを楽しんでいる様子である。

事例E

229回「今まで人の悪口を言っちゃいけないと思っていた、というか、自分が悪いと思わされていたけれど、言わないとおさまらないので聴いてください」と初めて愚痴を50分語り、231回には「空気が読めないとよく言われるが、私なりにはすごく気を使っている。こういう風に考えると、ひとりぼっちだなあと涙が出てくることがあるのよ」としみじみ語る。

4　各仮説のまとめ

仮説Ⅰ：パニックについて
　それまでの臨床経験の中でパニックに直面することがなかった筆者であるが、クライエントＡが大パニック『ハルマゲドンⅠ』によって深く救われたのかもしれないと感じたことから、パニックの目標について注目してみた。その結果三つの仮説を得て、そこから、『怖れない視点』『尊重する視点』『コミュニケーションへと向かう視点』と、パニックに対する見方が深まっていった。言わば、パニックを怖れず尊重しながら無関心でいるセラピストの態度は、パニックを鎮めることに有効であり、かつ、『存在の根元から噴出するパワーの立ち上るクライエント』と『軸をぶらさず無関心に居続けるセラピスト』という距離ある二人の関係を実現し、『リアルなコミュニケーション』への可能性、必要性へと向かわせるものでもある。

仮説Ⅱ：心の主体（主観）の成立について
　治療関係さえも強制労働のように感じる強迫的な生き方、すなわち主体性を奪われた生き方ならば、まずは面接内でその生き方を超える体験をすることが必至であると考え、新たな面接の工夫に着手した。それは心の主体（主観）成立以前の３段階の仮説に従い、『「嫌と言える面接場面」の工夫』『心のリアリティで向き合う面接への工夫』『心の主体（主観）が四つ角で客体（対象）と交差する面接の工夫』へと進んでいった。

仮説Ⅲ：イメージと言葉の乖離について
　それまで自由な雰囲気と非言語的コミュニケーションを大切にしていた面接場面に、相互スクイグルを強制したり、夢の記述や内容について率直に質問していくといった具合に、セラピストも主体を立ててクライエントと交差しようと試みてみた。セラピストが主体的になると、クライエント

にも主体が動き出して拒否や衝突が起こったが、表裏一体に彼らの世界がリアルに見え始めもした。もやもやした本体から浮き上がったダイヤルがカラカラ回っているようなCのあり様、闇の混沌からボールがやっと飛び出してきたD、まっ白な混沌の中からやっと形が浮き上がったE、それぞれに言葉を使って面接も日常生活もしているが、内在ずるイメージにコミットした言葉がまったく使えていない。これを『イメージと言葉の乖離』と名づけ、イメージにコミットした言葉を紡ぐための面接の工夫として言葉のキャッチボールに思い至った。

5　結論と提案

「頭の中にイメージはあるのに言葉に組み立てられない」と苦しむA、歌のような独り言で掛け合うかオウム返しでとりあえずコミュニケートするB、『閉じた楽しい世界』と『開きすぎの多弁さ』、すなわち『もやもや本体から浮き上がったダイヤル言葉』で適応するC、言葉は闇の中に埋まったままに言葉ではなく行動で表現するD、白い混沌には手をつけず白地の表面に物語を書こうとしていたE、それぞれに次元は違うが、イメージと言葉の乖離が起こっていたことがわかる。軽度発達障害の定義は難しく、診断も諸説飛び交っているが、臨床現場では、発達障害であるなしにかかわらず『イメージと言葉が乖離している一群の人たち』ととらえて、イメージにコミットした言葉を紡ぐための作業から始める必要があると結論した。そこで、筆者はその工夫の一つとして、キャッチボールモデルを提示する（渡辺,2005; 渡辺,2008）。『離れて立った』クライエントとセラピストの『言葉ボールの投げあい』をくり返すことで、心の主体（主観）と客体（対象）が分かたれ、より鮮明となり、同時にイメージと言葉が近づき始める。心的リアリティが発生、つまり実感ある言葉が発せられるようになってこそ、キャッチボールから野球に向かうように、クライエントが物

語るのを傾聴する面接（河合, 1970）へと出陣できるのではないだろうか。

6 おわりに

　ここでとりあげた事例は長期間続き、まだ継続中のものが多いが、難しいからこそ必死で取り組み、また教えられることも多いものばかりである。歩みが遅く長期にわたり、これでは実質的ではないと思われることを想定して、ここでとりあげた仮説を適用したことで、驚くほど短期で問題が解決した事例や、何年も堂々めぐりしていた事例が急速に動いた場合も珍しくないことを付け加えておく。

文　献

河合隼雄（1970）：カウンセリングの実際問題．誠信書房．
河合俊雄（2010）：発達障害からみた箱庭療法——イメージ以前・以後・外．箱庭療法学研究, 23(1), 105-117.
小澤勲（2007）：自閉症とは何か．洋泉社．
田中康裕（2009）：成人の発達障害の心理療法．伊藤良子・角野善宏・大山泰宏編：「発達障害」と心理臨床．創元社．184-200.
渡辺あさよ（2005）：青いビニールボールに導かれたイメージの世界．河合隼雄・山王教育研究所編：遊戯療法の実際．誠信書房．201-221.
渡辺あさよ（2008）：虫の主体性から（松井論文へのコメント）．京都大学大学院教育学研究科心理教育相談室紀要, 35, 139-140.

● 要約

　心理療法の臨床場面でたまたま出会った高機能自閉症の人たちから得た仮説を、軽度発達障害をベースにもつと見立てた人たちに適用し続けてきたところ、彼らの問題の中核の一つが『イメージと言葉の乖離』であることを認めた。ここに至るまでの臨床実践の経緯を、パニックに関するもの、心の主体（主観）の成立に関するもの、イメージと言葉の乖離に関するものとに３分類した９仮説とその検証過程として、主要な５事例で示し、さらに、『イメージと言葉の乖離』しているクライアントとの面接では、イメージにコミットした言葉を紡ぐ練習から始める必要があると結論した。また、そのための工夫の一つとしての『キャッチボールモデル』を提示した。寄り添うのではなく、分かたれたセラピスト－クライアント間を言葉が行き来しつつ、クライアントに心の主体（主観）と対象が成立し、クライアントに心的リアリティが発生して初めて、傾聴が有効となると考える。

　　キー・ワード：軽度発達障害、イメージと言葉の乖離、
　　　　　　　　　キャッチボールモデル

A gap between client's image and word in mild development disorders

Shichirigahama Office of Psychotherapy, solala

WATANABE, Asayo

In this paper, the author found that "gap between client's image and word" was one of core problems in mild development disorders by testing nine hypotheses classified as three categories such as "Client's panic", "Harmonizing of a gap between image and word of a client" and "Building up client's subject." In case of a client having a gap between his image and his word, therapy should be started to give him some words commit to his image. The author proposed and practiced a trial play named as "Catch-ball-model" therapy, in which a therapist faced up to the client to do an active catch-ball with real words in order to make his internal reality by isolating his subject and object. This kind of therapy would help the following therapy based on active listening.

Key Words: mild development disorder, gap between image and word, catch-ball-model

大会 印象記

第1回大会　印象記(1)

高嶋雄介
京都大学大学院教育学研究科

　2010年6月6日、東京は文京学院大学にて、日本ユング心理学会の初めてとなる大会が開催された。これまでも学会主催のシンポジウムなどは定期的に開催されていたが、こうした毎年積み重ねられてきたシンポジウムに、初の試みとなる基礎研究と事例研究の発表が加わって、「第1回大会」として今回新たにスタートが切られたのである。当日は、200名近くが参加し、大会は大盛況だった（潜在的な参加希望者はもっと多かったのではないだろうか。会場の収容できる人数の事情もあって、キャンセル待ちになる方もいたようである）。

　さて、実際に今大会に参加して、一番強く感じたことは、議論を「深める」ことができるという点であった。

　たとえば、日本心理臨床学会の大会は、現在非常に大規模なものになっていて、そこに参加される先生方も多種多様な理論に基づいて実践をおこなっておられる。したがって、自分が知らない理論や知識を「広げる」、あるいは自身が基盤としている理論を「相対的に」位置づけて考えるという点では魅力的であるが、お互いのよって立つ前提が違うために、まず「対話の前提作り」のための対話に多くの力を注がなければならない場合がある。また、事例検討などでは、各々の注目する点や実践方法の違いが明らかになるだけで終わってしまう場合などもある。つまり、魅力的ではあるけれど、時に検討したいことからズレてしまう、論点が拡散してしまうことで「深める」ことが難しくなるのである。

　その点、本大会に参加されている先生方は、ユング心理学に基づいて実

践をおこなっている、あるいは少なくともユング心理学に興味をもっている（もちろん、「ユング心理学」と一言で言っても、その中にはさまざまな違いはあるが）。したがって、議論を「深める」共通の土台があって、考えたいことを考えられ、検討したいことを検討できるように感じられたのである。これが、今大会に参加して真っ先に強く抱いた印象であった。

　大会のプログラムは、午前中に4件の基礎研究と6件の事例研究、そして午後からは3時間にわたるケース・シンポジウムという構成であった。午前中の研究発表は、どれもが本当に興味深いもので、同時間に一斉におこなわれることが残念でならなかったが、筆者は西牧万佐子先生による『沈黙とのかかわり――末期がん患者との面接過程』という発表を聞かせていただいた（論文としてまとめたものを本誌に収録）。

　避けようのない死が眼前に迫り、話すことや意識を保つことが難しいクライエントとの関わりからは、心理療法において重要なのは、これから先にある変化や環境に適応していくという点にあるのではなく、「その一瞬に、いかにクライエントと出会えるか」という点にあることを改めて突き付けられるようであった。実際、セラピストはこうしたクライエントに「出会う」ために、沈黙や二人を包んでいる環境へコミットしていく。その姿勢は、普段「図」として浮かび上がっている言葉や意識は、沈黙やまわりの環境、繊細な身体の動きなどの「地」と同時にしか成立しないことを思い出させてくれるものであった。さらに、座長の川戸圓先生からの『この世だけで考えると死は終わりであるが、あの世という視点をもつことで、死は始まりになる。つまり、死は終わりであり始まりである』という示唆も心に残るものであった。いかに終わるかというその瞬間に専心することは、結果的に、いかに（向こう側に）生まれ出るかについての専心ともなるのであろう。

　このように、心も頭も非常に活性化したままに臨んだのが、午後からのケース・シンポジウムであった。シンポジウムでは、武野俊弥先生がスイスで担当されていた『西洋人との夢分析の一事例』を提供してくださった。そして事例提供は、一つの夢を報告した後に、その都度、その夢の中にどのように元型があらわれているかについて、緻密な武野先生の解釈が添え

られていくスタイルで進められていった。そのスタイルにこそ、武野先生が一つひとつの夢をいかに大事なものと考えているかがあらわれているように感じられた。また、そうしたスタイルは、クライエントと武野先生が夢を通して、ともに「物語」を創り上げていくプロセスが臨場感をもって伝わってくるものであった。そして、それはヒルマン（1994）の「我々（クライエントやセラピスト）が聴衆であることをやめ、魂という舞台の上にのぼり、虚構の中の登場人物となった時に、癒しがはじまる。そして、劇が激しくなるにつれて、カタルシスが生じるのである」という言葉を思い出させるものでもあった。

　また短い時間ではあったが、コメンテーターの先生方からも印象的なコメントを聞かせていただくことができた。特に、猪股剛先生がセラピストとしての武野先生の在り方を「音楽的」とおっしゃっていたことは心に残っている。クライエントとともにある作曲家としてのセラピスト、指揮者としてのセラピスト、そして、演奏者としてのセラピストの姿からは、自身の日々の臨床について振り返る多くの契機をいただいた。

　このように、日本ユング心理学会の第1回大会は、非常に充実した、そして熱気にあふれた大会であった。

文　献

Hillman, J. (1994): *Healing Fiction*. Spring Publications.

第1回大会　印象記(2)

西谷晋二
大正大学カウンセリング研究所

　去る2010年6月6日、文京学院大学本郷キャンパスにおいて、日本ユング心理学会の記念すべき第1回大会がおこなわれた。今まで学会主催のセミナーやシンポジウムには何度か参加はしていたが、やはり大会ともなると多くの方が参加されるためか、私は会場に到着するとどのような大会になるのかといった期待感と身の引き締まるほどよい緊張感に包まれていった。

　午前は分科会がおこなわれ、私は田中康裕先生が司会をされた分科会に出席した。この分科会では最近の臨床現場で話題になりやすい発達障害をテーマとした基礎研究の発表で、渡辺あさよ先生が「軽度発達障害におけるイメージと言葉の乖離について──臨床現場からの一考察」、畑中千紘先生は「ロールシャッハ反応からみた軽度発達障害──その全般的特徴と類型的特性の検討」といったテーマでそれぞれ発表された。

　まず、渡辺先生が今までご自身が実践されてきた臨床活動の中で立てられた仮説をもとに、発達障害を抱えるクライエントのイメージの在り方をどのようにとらえていくかについて発表された（論文としてまとめたものを本誌に収録）。そこでは、元来言われているように、いかに発達障害を抱えるクライエントがイメージを扱っていくことが難しいかが論じられ、イメージよりも言葉の方が優先してしまい、イメージと言葉の乖離した世界が発達障害の特徴として挙げられた。しかし、渡辺先生はその乖離している世界を「空っぽ」と表現された上で、発達障害を抱えるクライエントとの面接においては、セラピストとクライエントを明確に分け、各々の実感を伴った言葉を交わすことから始めていく必要があるとおっしゃられていた。

また、発達障害を抱えるクライエントが面接室内外でパニックを起こすことはあるが、それをマイナスとしてとらえるのではなく、クライエントの主体的な動きとしてとらえていくといった視点も、面接を進めていく上では必要であるともおっしゃられていた。これらのことは、私にとって、とても印象的な言葉であった。というのも、従来の心理療法においてはセラピストとクライエントがいかにつながり、クライエントが抱えている悩みをいかに軽減できるかに重点が置かれていたと思う。しかし「空っぽ」のクライエントとつながることのみに重点を置いてしまうと、そこにクライエントの主体性は芽生えず、セラピーにおいて何の動きも生じないことになってしまうのだろう。渡辺先生のケースでは、セラピストとクライエントがいかに別「個」の存在であるかということに徹底的に留まられており、その徹底さにより言葉とイメージが乖離していた世界に少しずつ動きが生じていくかということを教えていただいた。そういった意味では、田中先生がおっしゃられていたように、発達障害を抱えるクライエントとの面接においては、セラピスト側がいかに既存の心理療法のスタイルを括弧に入れられるかが勝負なのであろう。

　次に、畑中先生は軽度発達障害の成人を対象に施行したロールシャッハテストをもとに、発達障害の特性について発表された。やはりここでも発達障害の方がイメージを扱うことの難しさが指摘され、ロールシャッハテストのように、自身の内面に湧き上がるイメージを投影することを求められるような作業に対しては、自分の認識できたものに、ただ名前をつけているだけといったことが論じられた。実際、私も発達障害を抱えるクライエントにロールシャッハテストを施行することが多いが、やはり形態反応が増え、私の質問の仕方の稚拙さも相まってか『そう見えたから』と答えられることが多く、イメージ云々という状況ではなくなってしまう。しかし、畑中先生の発表や田中先生のコメント、そして渡辺先生の発表をうかがうと、イメージを投影することが困難であるからといって、ロールシャッハテストをおこなうことが無意味なのではなく、「インクブロットへの独特なイメージの表現はクライエント独自の認知様式」であることを理解しつつ、検査者（セラピスト）が質問（Inquiry）をしていくことが臨

床的な行為なのだと感じた。というのも、検査者（セラピスト）の質問（Inquiry）は単にアセスメントのみに作用しているのではなく、クライエントの発言に検査者（セラピスト）がreactすることにより、初めてクライエントが自身（のイメージ）をreflectできると思われるからである。そういった意味ではこの分科に参加し、発達障害の臨床においてはセラピストとクライエントがいかに「個」として面接室内にいられるかが大事なのであり、それぞれが「個」としていかに他者にぶつかれるかといったこと、つまり、セラピストが"他者"として目の前に現れることがいかに大事かということを考えさせられた。

　そして午後はケース・シンポジウムがおこなわれ、武野俊弥先生が事例を発表され、伊藤良子先生と猪股剛先生がコメンテーターをされた。今回は事前に武野先生の論文が2部送られてきており、予習をしてからのシンポジウムとなったため、当日は先生がどのようなケースを発表されるのかとても楽しみであった。ケースは武野先生がスイスのユング研究所へ留学中に担当されていたケースであり、そのため武野先生にも思い入れがあったのか、とても丁寧に発表されていたのが非常に印象的であり、いかにセラピストがクライエントとのセラピーに想いを馳せることが大事か、またいかに実際にそれをおこなうことが難しいかといったことを痛感した。その中で、武野先生は、多くの学派や方法論が存在する現代の心理臨床において『ある一つの方法論にドグマ的に陥らずに、クライエントそれぞれにとってオーダーメイドのセラピーをおこなっていくことが大事であり、それをおこなえるのはユング心理学なのではないだろうか』とおっしゃられていた。この言葉を聞いて、私は改めてクライエント一人ひとりの個性を尊重することの大事さと、そして同様に、いかにわれわれセラピスト側の個性を大事にすることが重要であるかということについて考えさせていただいた。

　今回は第1回大会であったにもかかわらず、大会全体を通して心理臨床の難しさと奥深さ、そして何よりも魅力を再確認できた、実りの多い大会であり、今後もますます日本ユング心理学会が発展していくことを確信できた大会でもあった。

『ユング心理学研究』投稿規定

『ユング心理学研究』投稿規定　　（2010. 11. 改定）

本誌に分析心理学に関する研究論文の投稿を希望される方は，以下の投稿規定にしたがって投稿して下さい。

Ⅰ　投稿資格
1．論文の投稿資格は，本学会会員，日本ユング心理学研究所資格候補生・訓練候補生・聴講生・登録会員に限る。ただし，編集委員会からの依頼論文については，この限りではない。

Ⅱ　論文の内容と文字数
2．本誌は，ユング心理学に関する学術論文を掲載するものとする。内容的には，臨床心理学・精神医学の領域に限らず，文化人類学・民俗学・宗教学・哲学・芸術等の領域を含めた広く学際的なものも受け入れる。論文の内容は未公刊のものに限り，分量は16,000字（40字×40行×10枚）を限度とする。
ただし，依頼論文の場合はこの限りではない。
なお，図表類はその大きさを本文に換算して，字数に算入すること。

Ⅲ　原稿作成に関する一般的注意
3．原稿はA4用紙を用い，1ページあたり40字×40行（1,600字）とすること。
4．原稿は，ワープロを用いて作成することが望ましい。
5．原稿は横書きで，原則として常用漢字・新かなづかいを用い，数字は算用数字を用いること。外国語はすべてワープロ（タイプ）で打つこと。
6．Th., Cl., SCなどの略語は原則として使用しないこと。ただし，記述が煩瑣になることを避けるために用いる場合等には，初出の際にその略語の意味を明示した上で，使用すること。

Ⅳ　プライバシーへの配慮
7．臨床事例を用い，クライエントに関する情報を記載する必要が生じる場合には，記載する情報は最小限度とし，プライバシーに十分配慮すること。

Ⅴ　外国語の表記
8．外国の人名，地名等の固有名詞は，原則として原語を用いる。その他の外国語はなるべく訳語を用いること。外国語を用いる場合は，初出の際訳語に引き続いて（　）をつけ示すものとする。

Ⅵ　図表
9．図や表は，図1，表1など順序をつけ，それぞれに題と内容を原則として和文で記載すること。

Ⅶ　引用
10．本文中に文献を引用した場合は，引用した箇所を「」などでくくり明示すると同時に，著者名と公刊年，頁数を記載すること。
　　a）本文中に，著者名を記載する場合
　　　　河合（1995）は，「○○○」（○頁）と述べている。
　　b）引用の終わりに，著者を示す場合。
　　　　「○○○」（河合，1995；○頁）。

c）訳本の場合には，原典の発行年と訳本の発行年を，"/"で併記する。
本文中記載：Jung（1935/1987）引用末記載：(Jung, 1935/1987)
d）著者が複数いる場合には，筆頭者のみを挙げ，和文献であれば"ら"，洋文献であれば"et al"を用いる。

Ⅷ　引用文献

11. 引用文献は，本文の終わりに「文献」の見出しで，著者の姓を規準にしてアルファベット順に一括して記載すること。

a）雑誌の場合：著者名，公刊年（西暦），論題，誌名，巻（ゴチック），号，記載頁の順序による。なお，雑誌名の記載に際しては，和・欧いずれの場合でも，略語は用いない。

　　邦文例）横山博（1995）：ユング派の心理療法における転移／逆転移．精神療法, 21(3), 234-244, 金剛出版

　　洋文例）Giegerich, W. (1999): The "Patriarchal Neglect of the Feminine Principle": A Psychological Fallacy in Jungian Theory, *Harvest 45*, 7-30.

b）単行本の場合：著者名，発行年度（西暦），書名，発行所，引用頁の順序とする。ただし編者と担当執筆者の異なる単行本の場合は，該当執筆者を筆頭に挙げ，以下，発行年度，論題，編者名，書名，発行所，頁の順とする。

　　邦文例）赤坂憲雄（1985）：異人論序説．砂子屋書房．

　　洋文例）Hillman, J. (1975): *Re-Visioning Psychology*. Harper & Row.
　　　　　Bosnak, R. (1997): *Christopher's Dreams*. Bantam Dell Pub Group.（岸本寛史訳（2003）：クリストファーの夢．創元社）

Ⅸ　英文要約

12. 研究論文については，上記のほかに100〜175語以内の英文要約と，3つのキー・ワードを添えて投稿すること。これらの投稿要領は次による。

a）英文要約（ABSTRACT）として，英語の論題と氏名・所属につづけて，要約を記述すること。

b）Key Words として，3種の英語をアブストラクト本文の2行下段に記載すること。

c）英文要約の邦文訳（400字以上450字以下），および邦語のキー・ワードをA4用紙1枚に記載して添えること。

d）英文は英語の専門家の校閲を経ていること。

Ⅹ　特別な費用が必要な場合

13. 論文の掲載に際して，印刷上特別な費用を要する事情が生じた場合は，当該投稿者が負担するものとする。

Ⅺ　投稿原稿の提出

14. 投稿原稿は，投稿原稿（正）とは別に，そのコピー2部（副），計3通をとりそろえ編集委員会宛に提出すること。コピーにおいては，氏名，所属，謝辞などを削除する。郵送の場合は必ず簡易書留によること。

『ユング心理学研究』バックナンバー
在庫僅少。お問い合せは日本ユング心理学会（AJAJ）事務局まで。
E-mail: infoajaj@circus.ocn.ne.jp　Fax: 075-253-6560

第1巻特別号……日本における分析心理学（2009）

- まえがき　　　　　　　　　　　　　　　　　　　　　　　　川戸　圓
- 開会の辞　　　　　　　　　　　　　　　　　　　　　　　　樋口和彦

第Ⅰ部　基調講演　　　　　　　　　　　　　　　司会・通訳：河合俊雄

- 笑いと沈黙（Laughter and Silence）　　　　　　講師：ジェームズ・ヒルマン

第Ⅱ部　シンポジウム〈日本文化と分析心理学〉　司会：川戸圓

- 『風土記』から『遠野物語へ』——河合隼雄の昔話論の導きのもとに　　赤坂憲雄
- 河合中空構造論と、権力と脱権力のあわい——トリックスター知の再考　鎌田東二
- 討論：赤坂憲雄 vs 鎌田東二

第Ⅲ部　シンポジウム〈日本における分析心理学と精神分析学〉　司会：伊藤良子

- 日本における精神分析学——劇的な精神分析　　　　　　　　　　　北山　修
- 日本における分析心理学——日本人の意識の多層性、多様性、解離性　河合俊雄
- 討論：北山　修 vs 河合俊雄　　　　　　　　指定討論者：伊藤良子、武野俊弥

- 閉会の辞　　　　　　　　　　　　　　　　　　　　　　　　横山　博
- あとがき　　　　　　　　　　　　　　　　　　　　　　　　河合俊雄

第2巻……ユングと曼荼羅 (2010)

シンポジウム

- 基調講演「ユングと曼荼羅」　　　　　　　　　　　　　　　　　　　中沢新一
  討論——基調講演を受けて　　　　　　　　　　　　指定討論者：河合俊雄・川戸圓

論　文

特別寄稿
- 深層心理学から見た華厳経（HUA YEN CHING）
  ——〔大方広佛華厳経（Buddhavatamsakanama-Maha-Vaipulya-Sutra）〕の宇宙
  　　　　　　　　　　　　　　　　　　　　　　　　　　　　　　　山中康裕

研究論文
- 「見えないもの」への名付けとしての〈異人〉
  ——柳田国男の『遠野物語』を手掛かりに　　　　　　　　　　　　竹中菜苗
- 諏訪大社ミシャグジ儀礼に関する分析心理学的考察——上社大祝即位儀礼について
  　　　　　　　　　　　　　　　　　　　　　　　　　　　　　　　吉川眞理
- 動きつづける〈わたし〉と"賢者の石"の生成プロセス
  ——注意欠陥多動性障害の男子との箱庭療法　　　　　　　　　　田熊友紀子

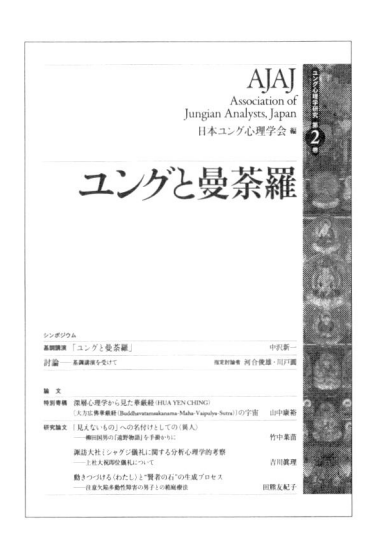

日本ユング心理学会編集委員会
委員長：河合俊雄
委　員：猪股剛・川戸圓・北口雄一・田中康裕・豊田園子

ユング心理学研究　第3巻
魂と暴力
2011年3月1日　第1版第1刷発行

編　者……………………………………………
　　　　日本ユング心理学会
発行者……………………………………………
　　　　矢　部　敬　一
発行所……………………………………………
　　　　株式会社 創　元　社
　　　　http://www.sogensha.co.jp/
　　本社 〒541-0047 大阪市中央区淡路町4-3-6
　　　　Tel.06-6231-9010　Fax.06-6233-3111
　　東京支店 〒162-0825 東京都新宿区神楽坂4-3 煉瓦塔ビル
　　　　　　　　　　　　Tel.03-3269-1051
印刷所……………………………………………
　　　　株式会社 太洋社

©2011, Printed in Japan
ISBN978-4-422-11492-7 C3311

〈検印廃止〉

落丁・乱丁のときはお取り替えいたします。

JCOPY 〈(社)出版者著作権管理機構 委託出版物〉
本書の無断複写は著作権法上での例外を除き禁じられています。
複写される場合は、そのつど事前に、(社)出版者著作権管理機構
（電話03-3513-6969、FAX 03-3513-6979、e-mail: info@jcopy.or.jp）
の許諾を得てください。

赤の書
THE RED BOOK
LIBER NOVUS

半世紀の眠りから、いま目覚める

2011年5月 重版出来

C・G・ユング［著］
ソヌ・シャムダサーニ［編］
河合俊雄［監訳］
田中康裕・高月玲子・猪股 剛［訳］

A3判変型・上製・456頁
特製化粧函入・特別仕様豪華本
定価 42,000円（税込）